霊素放射

霊力治病秘法書

石崎輝峯

石崎輝峰師述
久重紫峰輯編

霊素放射

靈力治病術秘法

印度哲學院藏版

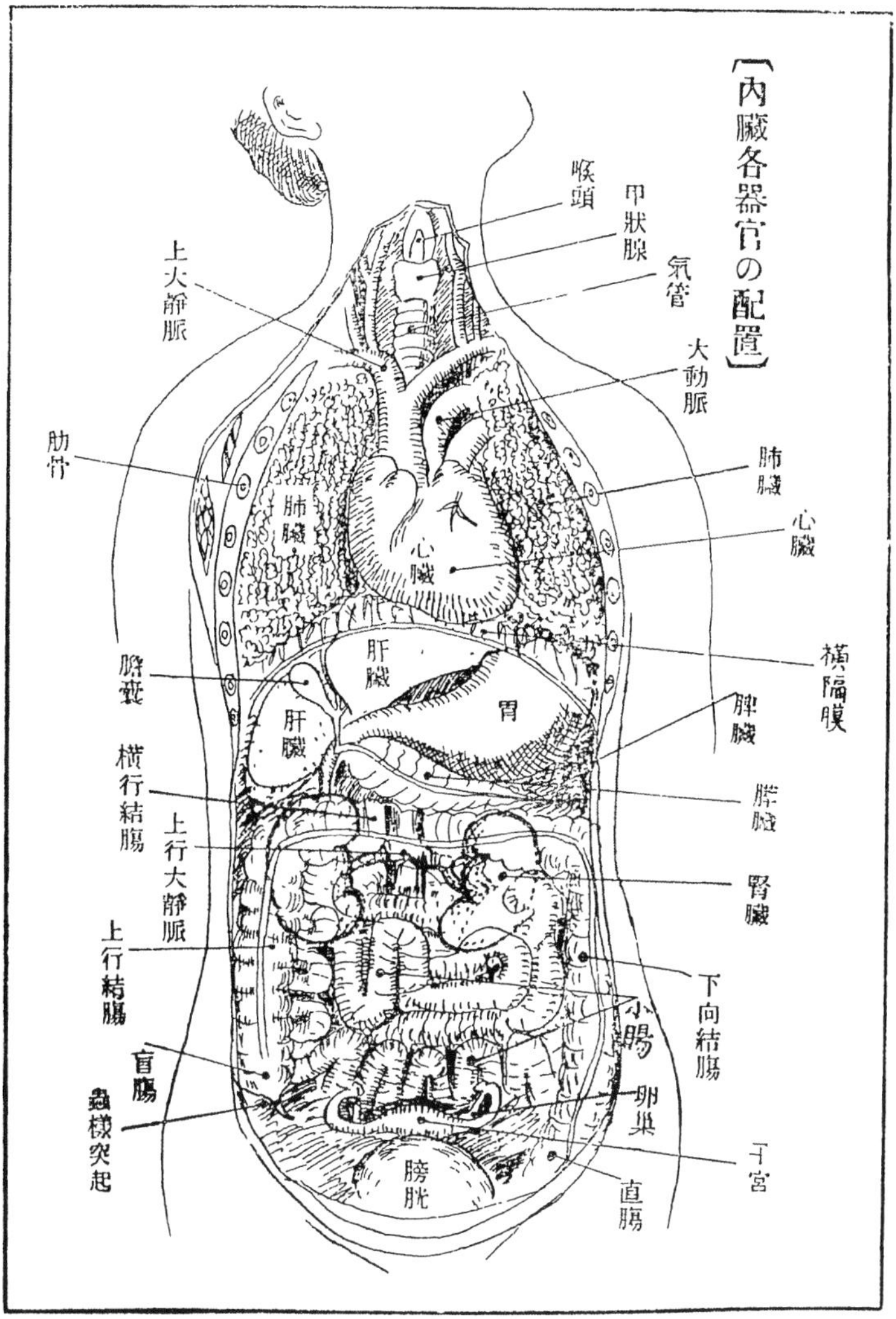
内臓各器官の配置
喉頭
甲状腺
氣管
上大靜脈
大動脈
肋骨
肺臓
肺臓
心臓
心臓
横隔膜
膽嚢
肝臓
肝臓
胃
脾臓
膵臓
横行結腸
上行大靜脈
腎臓
上行結腸
下向結腸
小腸
盲腸
蟲様突起
卵巣
子宮
膀胱
直腸

◆心靈研究は人生醇化の努力であり怠らざれば遂に窮極の扉は開かれん

◆電波は受信機に於て感受され靈波は本術の修得者に於てのみ感受さる

◆宇宙の大我に安住せば即ち世界第一の幸福者となる

◆正しき心靈は世界を淨化し、強力なる靈力は總ての病魔を退散せしむ

◆靈能修得者の家には悩みなし

序文

物質文化は日と共に進展して吾々人類に多大の福祉と便益を寄與しつゝある。然しながら、此の壯麗なる文化の一皮を剝けば、其處には慄然として面を反けしめる悲慘暗黑の影の宿せる事實を發見するであらう。

人間眞個の幸福は決して物質に依りて求むべくもない、眞の幸福は温き相互の人情美と淸淨爽快なる精神と、强健なる肉体の保持と、而して之を味ふ三昧境以外には絕對にあり得べきものではない。文明生活の裏には不安あり、頹廢あり、荒寥があつて次第に人間の心は消衰し廢荒し、而して樂しき健康はむしばまれ行く。心騷いで何の安心があらう、肉体損じて何の幸福が有るであらうか。

吾人は此の意味に於て常に靈界精神界の研究に精進し、微力ながら眞劍なる探究者を以て自ら任じ、專念の努力を傾注して優れて强き精神の確立に沒頭盡瘁し來つたのであるが、幸ひ茲に獲得体驗したる術法を以て靈的奇蹟の發現を得、之を實地に應用して幾多の効果を納むるに至つた。茲に本書を公開したるは、之を同志に傳へ、此の偉力を以て精神と肉体の淨化再建の途を劃し、惹いては此の社界より病魔の一掃を計り、述者も讀者も共に人間に附與されたる自然の恩寵を充分に享受し、至大の幸福を味覺し光明の天地に活躍せられん事を祈る念願の發露に外ならぬのである。

之に依りて例ひ一人でも强健なる精神と身体を獲得して病魔を拂ひ其の家庭を明朗化し、而して自が職責を全ふし社界に貢獻する所あらば本懷是に過ぎぬ次第である。

昭和十一年八月十日

印度哲學院執事記

目次

前編

後編

附言

卷頭言

一、醫學が進歩して醫者の益々增加した今日の世に、病人の愈々增へるのは何故であらうか。其れは一言にして云ふならば、文明の進歩と共に吾々人間の精神が、次第に蝕ばまれ弱められてゆくからである。

一、所詮、病は藥では癒らぬ。たゞ一つ最も効果的の療法は精神の確立以外には無いのである。精神力が旺盛であれば、肉体は强健となり、自然良能が盛んになつて病菌を喰ひ殺して了ふ朗かな氣分、丈夫な心は病魔を退散せしむる唯一無二の武器である。

一、自分は疾くより印度哲學の研究に沒頭したのであるが印度哲學の精髓たるウパニシヤドの中に、『天上の梵我は絶對至高にして、あらゆる現象界を知し召す、吾等の精神中にある自我は方法によりて梵我に合一合体することが出來る』と云ふ意味がある。然らば當然の歸結として吾々人間も又此の現象界を知り得るに至るであらう事を固く信じ、而して其の方法を考案し實習したのが本書に述べた靈能發現法である。

一、斯うして、靈能を得て、或は內閣の更迭を豫知し、友人の動靜を知り、物体を透視し、諸種の事件をも透覺する能力が現はれて來たのである。

一、此の靈力を自分の病氣治療に、又友人の疾病治療に試みた所、豫期以上の素晴しい實効を奏するを知り、其の後多くの病者に施術して眞に驚くべき効果を擧げた、其處で生理、醫學の大様を究め各疾病に對する方法を實驗して知り得た術法を悉くさらけ出したのが本書である

一、既に今日まで述者は多數の病者を救つだ。しかし其れは病を癒したのではない、病者自ら癒つたのである。然し自分の術を受けると奇妙に癒る。是は本術が、自然の恩惠たる良能作用の妙諦を速かに誘發し强化せしむる偉力があるからである。

一、印度には既に四千年前に於て『プラナ療法』と稱する觸手療治や、ヒンドーの油擦や、天竺按摩などの療法があり、支那の押壓療法、西洋の基督觸手療法、獨人エーレットの自然療法等、一種の無藥療法は古くより既に相當發達してゐたのである。

一、本院は約二十年前より靈能發現法は既に一般に公開し、治病法の一部をも傳へてゐたが、獨立の靈力治病法として詳しく全部を傳へるのは今回本書の刊行を以て始めとするものである。

一、日本國中の人々が一人殘らず本書を讀んで其の傳へたる方法を實行して貰へば恐らく此の世から病魔の殆どは退散し、社界は明るく家庭は樂しく、國民全体が壯健に輝き渡るものと確

信する。現在我國千五百萬人の肺結核患者も忽ちにして半減する事であらう。

一、現在病に惱む人も、惱まざる人も共に本書を座右に備へ、奇しき靈能の發現と、輝かしき精神と、無缺の身体とを獲得し、眞に愉快なる人生を送られん事を念じて已まぬ次第である。

例言

一、本書は靈能發現と治病の方法を傳授する術法秘書である。本術の研究者に對して必ず修得せしめんとする述者自らの熱意により、其の体驗を餘す所なく公開したものである。

一、實行を主とし術法の傳授を以て唯一の目的としてゐるから學術的な理論は之を省略し、文章は出來るだけ平易に書いてゐる。

一、本書を研究せんとする諸士に向つてひたすら願ふことは、疑念と不眞面目とを絶對に避けて赤子の如き純なる心と、焔の如き熱心と深き信賴とを以て修練されたきことである。然らば必ず何人と雖も体得し實行し、而して其の効果の偉大なるに驚かれる事を信じて疑はぬ次第である。

前編

第一編　靈能の偉力

第一章　心靈治療は既に日常何人も行ひつゝあり

俗に病は氣からといふ諺がある。病は氣によつて起り、又氣の持ちやうで癒るといふ事實を指していつたものである。之れは單なる諺として輕く觀過することの出來ない深遠なる理由と、恐るべき事實とを遺憾なく表現した意味深い言葉である。このことは我々が日常生活上、いつも實見もし經驗もしつゝある事である。

精神を愉快に持ち元氣を充滿させると病は衰へ、反對に心配したり怒つたりして精神を憂鬱にして了ふと病は自然に重りゆく例は日常、我々の常に見るところのもので何も珍らしい話ではない。これはあながち病人のみに限つたことではなく普通狀態のときでも日常生活中の一小事件として常に吾人の体驗しつつある現象である。

例へば朝は何ともなく平常通り起き出でたが、考へて見ると今日は非常に面倒な仕事をしなければならぬ。厭だ厭だと心が曇り初め、氣分が急に惡くなつてくる。そうして家族の人の顔を見ても、却つて不愉快が増すばかり、そうなつてくると荒い言葉の一つも出る。自然相手の人々も面白くないから良い顔をしない、それを見て更に自分の不愉快の情が一層强くなり心は益々いら〳〵してくる。その上天氣でも陰鬱であらうものなら遂には堪へ難い頭痛を起して、とう〳〵再び床を延べて臥るやうな事になる臥てみれば今度は正しく烈しい頭痛を覺え、何となく身体全部が不快調となり全くの病人のやうな狀態になつて了ふ。こんな一小事件は日常よく各家庭に於て起る所のものである。

是と反對に、少しくらゐの頭痛を覺えても元氣を出し心を愉快に持つて、無理にでも仕事にいそしんでゐると、仕事に氣を取られ、いつの間にか頭痛を忘れ遂に其のまゝすんで了ふこともある。此のやうに日常卑近な一小事でも心の滅入るときと、心の浮き立つときとによつて隨分大きな影響を、もたらし全く正反對の結果の現はれてくるものであることは既に誰しも周知の通りである。

病人が病に苦しみ種々適當な賣藥を購つて來て手當を加へ療養してもなか〳〵癒らない。そこで遂に醫師に診てもらひ藥を貰つて俄かに快癒する例は屢々あるが、これとても無論醫師の適當なる處方が効を奏したに違ひはなからうが更に、精神的治療が暗々の裡に行はれるから一段と其の奏効が早くなるのである。即ち醫師に診て貰つたといふ安心、醫者は自分の病氣の在る所をよく知つてくれた。そうしてそれに適當した藥を呉れた。是でもう大丈夫だといふ慰安の心が湧き起り、自然に心の曇りは拭はれ氣は安らかになり、かくして心的方面から着々効を奏して病を擊退し案外容易に平癒の實が擧がることになるのである。

又小供が路上に轉んで頭なぞ打ち瘤を作つて泣き叫ぶ時、母親が抱き起して打つた個所を撫でてやり最後に親の唾、親の唾といつて指先で少しの唾液をつけてやり、さあこれで治つたよと言つて頭でも撫でてやれば子供は直に泣きやみ再び痛さも忘れたかの如く、氣嫌よく駈け出し遊ぶ可憐な事實も屢々見うけるが、これも同じく母の唾液の醫學的効力よりも、母の與へた慰安的、暗示的の精神治療の効力が確かに瘤の痛さを和らげたによるものである。

斯く日常の吾々普通の精神狀態でさへずゐぶん治病の上には効果をもたらすものであるが、一朝、合理的の作術を行つて普通以上の心靈力を發揮して此の力で治病に當る場合には、時には奇蹟的とさへ見えるやうな著しい効果をおさめ、多年の疾病を旬日乃至は一瞬の間に快癒せしむるやうなことも事實あり得るものである。

從つて此の精神治療の方面は醫學者間にも漸次研究せられ實驗せられて、藥物治療、光線治療、電氣治療等と並んで更に必要な治療法の一分野をなさうとしてゐるのである。

今や心靈治療は從來の如き野人匹夫の無知階級にのみ信頼せられた時代は去り、確然たる理論の下に立ち嚴密なる實驗を重ね而して立派に其の使命を果しつゝあるもので決して荒唐無稽なものでなく又空想でも迷信でもない眞に科學的研究の下に治病法の一大分野を作り大きな責任を負ふことになつて來た。

米國ではハーバート大學教授マクドウル氏以下四十二名の博士、大家の役員の下に數萬の會員之れに加はり一大團体を作り心靈現象研究會なるものを形成し着々此れ等の現象を研究し、又英國ではフランマリオン會長以下米國にも劣らぬ大團体で同じく心靈の偉力について眞劍なる研究の步を進めてゐる。されば此の方面は今後益々神微の域にすゝみ種々重要なる發見を見、吾人の人類生活上にも更に多大の貢獻をもたらすに至ることは信じて疑はぬ所である。心靈治療は今後益々一般に普及採用せられ實績を擧ぐることになるであらうことも想像するに難くない。

扨て自分が今日までに數千の病者に就いて實驗し良好なる成績を擧げた經驗

から其の方法を說き日常家庭に於いて應用して貰ひ、病者の苦惱を輕からしめ又一刻も早く平癒せしむる効果偉大なる方法を判り易く傳へるのが本書の目的である。しかしされぱとて全然豫備知識もなく直ちに施術法に進んでみても更に其の効果の微弱なるばかりではなく弊害の伴ふこともあるから順次に豫備的に必要なる條件から步を進めて行きそうして合理的なる作術をなし偉力を發揮し偉効を奏し醫薬と共に病者の苦惱を拭ひ去るまで進みゆくつもりである。

第二章　精神の指揮は鮮かなり

(肉体の柔順性)

精神は肉体を勝手に支配し變化せしめる。

吾々の精神といふものは誠に微妙な働きを持つてゐるもので、此の精神が吾々の肉体を勝手に支配し變化せしむるの事實は、實に想像以上烈しいものである

精神が平靜で爽快なるときは肉体も是れに從つて充分の發育活動、壯健を繼續してゐるが一朝、精神に故障が起るこ肉体の方も同時に其の健康の輝きは次

第にうすれて痛ましくも衰へ始めるものである。精神と肉体との密接なる關係は、恰も水と船との其れの如くである。水が靜まつて鏡のやうに穩かであれば船は平穩爽快なる航海をつゞけることが出來るが、一旦水が其の平調を失つて狂瀾となり怒濤となれば、船は一上一下あらゆる狂態をつくして遂には覆滅の憂目にあはなければならぬ。船の安らかな航海も恐ろしい覆沒も一つに係つて水の動靜によるものである。同樣に精神が平調爽快であれば、身体の各機能も盛んに活動して何處に一つの故障も生ぜず愉快なる健康を保つことができるが是れに反して精神に缺陷が生じると忽ちに生理機能に作用して身体を虐げなやまし遂には疾病の苦惱に呻吟せしむるに至るものである。

病の巣窟のやうに荒みはてたる肉体でも一度び空明壯快にして强健な精神を吹き込めば、夫れが身体に作用して此の肉体を淨め引締め遂に壞滅に瀕した身体をも再び壯健に導き漸次、病を恢復せしめるものである。

斯くの如く靈肉一致、密接不離の關係をさして体心双關論といひ、醫學上、哲學上、重大なる一科目

として今や愼重に研究の歩を進められ、此の微妙な關係と神秘なる作用とを利用して不治の難病さへも着々快癒せしむるやうにまでなつて來てゐる。

スピノザの『靈といひ肉といふも唯、同一物の兩面を示すに過ぎず其の根元は一つである』と說いたのは、此の間の消息を明瞭に言ひ表はしたものである。此の立論を實際に裏書する實例の二三を左に揭げ參考に供しやう。

（A） 獨逸の一大學生が空腹を忍んで下宿に歸るやいなや、餘り腹が減つてゐたから取るものも取りあへずテーブルの上にあつたパンを貪り喰べた。其の時傍らにゐた友人が、其の學生の餘りにうろたへ貪り喰べた容子がおかしかつたので不意に戲れ氣を出して、君、其のパンの中には砒素を入れておいたのだ、狂犬を殺すためにたつた今砒素を入れたばかりだ。大變なことをした君は多量の毒を喰つてしまつたのだ。とい丶加減な冗談を、さも眞實らしく述べたてたのであつた。其れを聞いた例の學生の顏がみる〳〵裡に眞蒼となつた。やがて呻吟し初め間もなく昏倒した。他の學生は俄かにうろたへあわて丶醫者の元に走つた。醫者が來て診察の結果、これは毒素の中毒であると診斷して手當てをするやら大騷ぎになつたといふことである。其の學生はパンこそ喰つたが決して事實砒素を喰つたのではなかつたのであるが、友達の冗談を信じきつて、あ丶自分は大變なことをした、毒藥砒素を喰つて了つた。といふ固い堅い信念と恐怖の情が、生理的に身体に作用して全く砒素の中毒と同一の作用を起し、同一の現象を呈するに至つたので醫師も毒素の中毒なりと診斷したのは其の反應症狀から見て決して誤りではなかつたのである。

精神の肉体に及ぼす影響の覿面密接なる狀態は此の一例を見ても判然する所である。

（B） 關西のことであるが或る老爺が家族の不在に台所の戸棚を開けて見たら燗德利に何か液体が入つて居たのを見付けて酒だと早合點して一氣に飲み干し好い心地になり、部屋へ戻つて薄團を被り醉ふて大鼾で寢て仕舞つたが、老人が酒と思つて飲んだのは糸瓜の水で翌日その事が知れて大笑ひされた實例もある。

（C） 非常に毛蟲の嫌ひな老婦人に或る青年が、夫れ毛蟲だと言ひざま老婦人の後から襟の中へ羅紗の小片を投げ入れた。老婦人はキャッと言つて其場に氣絶したので大騷ぎになり、水だ藥だと周章て介抱し回復させた後、散々謝罪して漸く納まつたが、老婦人の頸筋は赤腫れがして毛蟲に螫された通りになり後には濕疹が出來て長らく苦しんだ。

（D） ナポレオンが死刑を執行する時、暗室の中に罪人を入れ身体の一部に一寸刄物を當て、輕傷を負はせ、あとは室内で水滴を落して其の音を聞かせる方法を用ひたが其れで罪人は皆死んで行つたそうである。チョビン〱と水滴の落ちる音、それは自分の血液が次第々々に流れ出て行くものと思つて死に到つた譯である。

斯の如く實に精神の作用は强烈なる力を有するもので、今までの健康体を一瞬の裡に重病者に轉落せしめ或は其の生命をさへ絶つて了つたのである。影響の甚大なること正に知るべきである。斯樣な實例は日常まゝ起ることである。

然らば、どんな工合になつて斯く精神が肉体に對し、恐るべき作用をなし、之を變化せしめるのであるか、今此の例話の如く抽象的でなく今一歩深く入り、生理學的に行はれた實驗を以つて、身体の局部的或は全体に及ぼす實際の影響變化を調べてみやう。

第三章　感情の力は斯くの如く強し

今まで判り易く説明するために一口に只精神といつて來たが、今少し詳しくいふならば即ち肉体を强めたり弱めたりする精神といふのは、概括的にいふ精神の内の感情の働きに依るものであつて、感情の嬉しく强く働くときは身体がすこやかになり元氣を增し、之に反して感情が悲しみに沈むときは自然身体が弱められることになる。猶一歩突込んでいへば此の感情といふのもまだ廣すぎる言葉であつて、此の感情の中で、多少知的思考の這入つた情緒といふものが吾等の肉体をいろ〳〵に變化せしめるものである。それは恰も太陽の光線が我等の身体に或は健康を與へ、或は皮膚の色を燒いて黑色にするといふが、其の光線中の紫色の作用に依るもので猶、くはしくいへば肉眼には見へない紫外線なるものが眞實作用の根元をなすのと同じ譯である。然らば情緒なるものが吾等の肉体に作用する狀態はどんな工合になつて行はれるものであらうか。

第一　不思議なる情緒の魔術

情緒といふのは簡單にいへば憤つたり、悅んだり悲しんだり恐れたりするところのもので、即ち感情の中の稍や高尙なる部類に屬するものである。而して身体に及ぼす影響も是れが一番優越の地位に居る例へば同じ感情でも僅か其の日の氣候位ゐの問題、即ち今日はずゐぶん暑い、早く此の暑さが去つて爽快な秋が來ればよいなど〻考える程度のものであれば別段、それを考へたからさて肉体には何等の影響を及ぼすものではないが、之れが若し情緒の活動となれば身体に作用して可なり烈しい影響を與へるものである。他人から陋劣な手段によつて迫害されたり名譽を毀損されたりした塲合には誰しも其處に憤怒の情が猛然と頭をもたげて來る。馬鹿々々しい、どうしてやらうなど〻種々心を亂し煩悶し呻吟する此の呻吟苦腦の情こそ感情中の情緒に屬するものであつて肉体に作用を起し、漸次、頭痛を起し食慾を衰へしめ、血行の平調を亂し病的に導きゆくものである。怒るものは短命なりとの譬の意味も此處にある。

前述の通り情緒には悲しんだり悅んだり種々の種類があるが、其のいろ〳〵の情緒が、身体に起させる變化に於てもそれ〳〵皆相異るものである。米國の或る學者が此の點に關して化學的の反應試驗を發見し實驗してゐる。即ち人間の悅んだり悲しんだりしてゐる際に、其の人間の血液中に或る化合物を投じて其の反應を起させて試驗して見ると、果して此の人は今どんな情緒に占有せられてゐるかゞ確然と判定することが出來るのである。先づ最初の實驗として憤怒の情に燃ふてゐる人の血液中に此の藥品を通ずれば、其の藥品は汚い赤色に變じる。次に同一人にして今度は何か嬉しいことのあつた時に同樣の藥品を投じてみれば其の色は輝いた黃色、一見金色の如くに變化する。斯うして種々實驗してみた結果怒れるときは汚い赤色、嫉妬の燃ゆる時は綠色、恐怖の念に駈られてゐる時は灰色、希望や愉快や愛情の胸に湧躍してゐる際は金色の反應を起すことが判明した。反對に或る人の血液に此の藥品を通じそれが若し汚赤色の反應を呈すれば今此の人は怒りを胸に含むことが知れ、綠色を呈すれば嫉妬の焰を胸に藏することが知れる譯である。此のやうに情緒は血液に對して生理的變化をもたらし化學的作用を起すものである。されば斯く善きに惡しきに變化せしめた血液が、全身隈なく廻り初めれば今度は夫れによつて或は好い或は惡い影響を身体全部に及ぼすに至るは當然のことでなければならぬ。是れを實際に徵すれば、恐怖に襲はれて灰色反應を呈するやうな血液が盛んに循環し初めると、母の乳汁には恐るべき毒素を含むに至る事實を見ても判る。此の例はテユーク氏の實驗發表であるが、曾つて或る婦人が、やがて其の婦人の家に來客があるので、饗應すべき御馳走を作るために、氣も焦々として台所で働き或は室內を掃除したり片付けたり眼も廻るやうに多忙を極めてゐた。其のとき其の婦人の幼い姉娘が二階の階段から落ちた。

多忙の眞最中であるが仕方がないから其の子供の頭を冷したり薬を塗づたりして手を盡し靜かに寢させた。けれども此の爲め其の婦人は烈しく氣を打ち心を動かしたのであつた。それから間もなく産れたばかりの妹娘の嬰兒に乳を呑ませた。乳を吸つた嬰兒は急に發熱し、苦しみ痙攣を起し、其の後二日にして嬰兒は敢なく黄泉の客となつて了つたのである。

又或る母は烈しい驚愕の後、乳兒に乳房を含ませたが、今迄機嫌よく遊んでゐた其の子が、俄かに悶き苦しみ出し之れもとう〳〵死んで了つた。此のやうに驚愕の情は、乳を毒化して遂に嬰兒を毒殺するやうな結果を起すものである。又憂鬱の情緒は、身体内の有機官能を甚しく亂して特別の作用を起し、此の亂された神經の力は血液に作用して身体内に鴆毒に似た毒素を發生せしめる。されば憂ひに沈む人の血液中には恐るべき鴆毒を嚥下したと同じ毒素を含有し、これが全身に傳播されて漸次に身体の各部を犯し衰弱せしむるものである。

第二　愉快の良藥（黄金反應）

希望とか歡喜とか戀愛とかの感情は、誠に鼓吹に滿ちた華々しい麗かな心持であつて、これ等の感情が全身にみなぎり血液に黄金反應を與へるやうな場合には、身体各部に最も好ましい生理的活動を誘起し、胃も腸も、神經も頭腦も、血行も筋肉運動も、暢々と心地よい活動を營み、自然身体全部のうるはしい健康が輝きそむるに至るのである。

第三　悲しみの毒素（灰色反應）

貧困で常に生活の不安に脅やかされ、事業に失敗して心鬱々として樂まず、恐ろしい天災地變に會つて烈しい驚愕の情に打たれ、或は又人の批評や暴力にあつて惱ましい心を抱き、自動車電車の如き氣忙しく且つ危險な交通機關に常に脅かされ氣を使ふ等、日常吾等の生活途上に於て身に降りかゝる諸々の不幸が、絶へず恐怖となり不安となり惱みとなつて吾等人類を苦しめにかゝつてゐる。此れ等日毎の壓迫は適當に拂ひ除け、時にはうらゝかな氣持に返し、爽快な心持を甦みがへらしめなければ、遂には我等の肉体を殲滅に導いて了ふものである。

是等の不安恐怖等の感情が起つて來ると先づ呼吸器の活動力を弱めて呼吸が非常に淺くなり、やゝ窒息の氣味となり、昂じては肺を犯して肺炎の狀態となる。次いで胃腸は弛緩し働きは衰へ、食物の嚥下困難となり食慾は減じて消化不良となる。更に血液の循環方面でも其の機能が衰へて、循環血量が俄かに減じ、從つて古血が各所に停滯する、身体の掃除役、榮養役を務める大切な血液が方々で罷業を起し出しては堪つたものではない。厭でも病人になつて了はなければならない。

是れを今少し專門的にいふならば即ち之等の烈しい惡質の刺戟によつて身体內に或る錯綜を起し精神

的腫物が生じる、此の腫物が精神を壓迫し初めると、身体の機能を害して遂に病人にしてしまふのであるから、先づ不自然な錯綜を發見し、之れを取り除くことを怠つてはならぬ、即ち此の種の障害を取り除くには精神的、乃至心靈的方法で處分するのが最も有効で且つ直接的である。心靈治療の必要もおのづから茲に存し、重大なる使命を果す所以となるのである。さればとて心靈治療は只に精神的誘因に基く疾病にのみ奏効し、他の諸病には無効なりやといへば決してそうではない。其の起因の如何に拘はらず、疾病の種類を問はず實に顯著なる實効を奏するものであることは、實驗者の等しく驚嘆しつゝあるところである。次に本院にて實施しつゝある偉効を奏する獨特の靈力治病方法を紹介する。

第三章　心靈發動の偉力

今まで述べて來た事實は、何れも只吾等の普通精神を基礎として現はれた現象である。身体が暢び〳〵と發達し、病は癒へ壯健に輝くのも、又反對に諸機能が衰へて身体が弱くなり病に犯され遂に肉体の潰滅に瀕するのも、どちらにして只普通精神の肉体に及ぼす作用を說いたものである。即ち吾等の有する普通精神でも其の善導利用の方法によつては先に擧げた如く、ずゐぶん難病を癒し壯健を盛り返し疾病治療上ゆるかせに出來ない重大なる効力の藏せらるることが判るが、更に本章よりは今一段進んで普通精神以上の强烈なる心靈が作用して起すところの更に强力迅速な恐るべき影響作用の實際を究めることにする。潑剌たる心靈の利用によつては、更に速かに確實なる肉体の立て直しを完成し、弱者を强者に、病身を健康体に改造することが出來るものである。而して此の强力偉大なる心靈力を現出する方法を傳へるのが正しく本書の使命であつて、其の方法とは即ち自分が十數年來數多の實驗上、最も有効とする心靈治療の作術法を指すのである。扨て此の方法を說く前に當つて先づ其の心靈の作用、即ち普通精神以上の心靈の作用機能とは一体どんなものであるか、といふことを一通り述べて置きたい。

第四章　心靈發露現象

昔から此の宇宙の間には一種の不可思議現象なるものが存在してゐることは何人も周知の通りである。譬へば幽靈と物語りをしたとか、他人の心を見破るとか、或は遠方の事を視透すとか、金庫の中の物品を知るとか、又は自分の姿を思ふところに出現せしむるとかの事實は、疑ひもなく此の世に存在する現象であつて數多の經驗的例證及び嚴密なる實驗によつて證明せられてゐる。決して迷信なぞと一言の下に葬り去られるやうな淺薄無稽の妄象ではないのである。

一宗の開山敎祖ともいはるゝ名僧智識に於て大抵かゝる靈能を体得してゐたことも又事實である。釋尊は端坐六年、菩提樹下風淸き所に靜坐して蠟月八日明星の輝くを見て活然大悟し、基督はヨハネの洗禮を受けて後四十日、廣漠たる原野に靜坐し而して感應の妙越に達したのであつた。弘法大師の眞言密教中の不思議を始め、日蓮の如き親鸞の如き又一種不可解の事實を現はして人を起伏せしめた。こういふ事實は孰れも皆、心靈發露の可なり强力に行はれたときに起し得べき現象である。

人はよく將に死せんとする臨終の際に、其の姿を故鄕の父母兄弟の前に現はすものである。即ち父母戀し故鄕戀しと歸心矢の如く、焦つても悶いても重症に伏す身の如何ともしがたいとき、惱みの胸を抱いたまゝ、遂に其の最後の近づくや、一念凝つて自分の死を故鄕の父母兄弟に知らしめるのである。即ち此の現象は心靈の活動した現象であつて、人の心が今や其の死に直面して、最早や諸種の雜念がなくなり、人性本然の玲瓏の心に立ち歸るからであつて、此の世の數多い欲望や、執着や、焦慮や煩悶などが悉く吹き去られ、光風霽月の心となり、魂は既に眞如の月となり、淨玻璃の心となり、玆に强力な普通以上の心靈が活動し作用するからである。

吾々人類には既に先天的に誰でも此の靈能(心靈の能《はたら》き)が附與せられてゐるのである。しかしながら普通は心の奥にかくされ蔽はれ眠つてゐる。されば一朝これに適當なる刺戟を與へて表面に出し眠りより覺ませば必ず外に現はれ活動を起すものである。人によつて其の程度に強弱のあることは免れがたいけれども多少とも、普通以上の此の種の現象を起し得るは必然のことである。其の理由は後章で詳しく説明するが兎に角、心靈發露は當然のことである。次に心靈發露現象の實驗數例を照會する。

第一　無言の命令（ウヰリングゲーム）

米國や英國で一種の遊戯として行はれてゐるウヰリングゲームといふものがある。それは言葉を少しも發せずに他の人に命令して其の命令通りの動作をさせる一種の靈的遊戯である。我が國でも無論實驗されてゐるが、先づ交達が四五名集つて其の中の一人を室外に出して置く、後の三四名のものが集つて相談し、順序を間違はないやうに順次に或ることを心の中で命令して他の一人を自由勝手に動かしめるのである。相談が出來、順序が定まると室外の一人を室内に入れる、三四名の者が一所に「あの花瓶を此の卓子の上に持つて來い」と心の中で一心に命令する。そうすると、其の人が之れを感じて花瓶を持つて來て卓子の上におく。次にあの額をおろせと三名同時に無言の命令を發する。又其の通りにする。斯うして只遊戯として樂しむのであるが、つまりこれは靈能應用の一遊戯で感應道交の一種に外ならぬなほ靈の交通作用即ち感應道交の他の實驗も種々行はれてゐる。

一人を別室に置き、自分が酢を飲めば別室の他の人も全く酢の味を感じて顔を顰めるが如き味覺の交通。自分の左手中指を針先で突いて其の痛さを、別室の人がやはり左手中指に感じるが如き痛覺の交通自分が銀製の花瓶を一心に見つめて別室の人も同じく銀色を感じる視覺の交通など、種々なる實驗の出來るものであるが、これ等は決して催眠術にかけて暗示を與へ感得せしむるいはゆる催眠現象に非ずして全く意識明瞭に覺醒してゐるときの實驗であつて、全く心靈作用の一種なる感應道交の部門に於て說明さるべき現象である。

第二　飛ぶ鳥落すは空想に非ず

（心靈は動物にも感應す）

少しく靈能を發現せしめたならば、人間同志の感應道交は實に容易に實驗することが出來るが、更に一步進んで動物にも之れを及ぼし得るものである。米國の一心靈學者の實驗を一例としてこゝに引用する「自分が最初自分の家に飼つてゐる猫を對照として實驗した。自分の机の側に寢てゐた猫に向つて起きろ〳〵と一心に念じてゐると間もなく猫は眼を開いた。そうして背の方を盛んに嘗めて毛並を揃へ初めた。そこで今度は立つて步るけと一心に念じてゐると、又間もなく立つて室外に出て行つた。其後もかなり實驗を度々行つたが必ず念ずる通りに動くことを知つた」といふのである。

英國心靈現象研究會の實驗報告の中に飛ぶ鳥を落した實驗が報告されてゐる。研究會の會員が庭に數多飛び交ふ雀の一匹を眼で捕へてこれに靈力を集注してゐた、すると其の雀はまるで鐵砲でゞも射られたように、もんどり打つて庭上に落ちて來た。そうして暫くは身動きも出來ずに橫倒しになつてゐたが暫くして再び飛び立つたといふ。

斯く人間、動物、鳥類のやうな精神を有するもの丶感應のみならず更に進んでは、いはゆる無生物なる椅子等の如き器具類さへも靈より發する無言の命令に從ふ事實が現はれてゐる。英國のクロフォード博士によつて實驗された彼のテーブル浮揚現象などはそれである。卓子に向つて上に昇れと一心に心の中で命令すると其の卓子は上に昇る、今度は降りよと命令すれば降りて元の位置に立つ、之れは其の實驗に立ち會つた人々がいづれも催眠術にでもかゝつて、只卓子が上つた如く下つた如く錯覺的にそう見えたのではなからうか、との疑ひの爲めに是れを活動寫眞に撮つて映寫して見たのだが、やはり卓子はたしかに上下する、されば決して錯覺でなく事實物理學的の物体の運動を起してゐることが確認されたのである。又靈力によつて鈴を鳴らして之れを蓄音器に吹き込んで其の現象の眞實性を證明してゐる。

靈力を應用して、他の事物に作用せしめ面白き實驗をなす實例を、獨り本院の術者のみならず廣く一般に求めて紹介し一層諸士の確信を深め、作術上の參考に供しやう。

第三　物体の重量を變化せしむ

東京澁谷の宮崎辯護士は京都の敬神家を師として鎭魂術を修めたが、大正十五年三月山陰道柳瀨港に行き同地の武田氏と共に靈術を實演した。重さ五十八匁の石笛に向つて一喝靈力を加へ之を秤つたら十四匁を増加して七十二匁の重さになつてゐた。次に又一喝すると元の五十八匁に還つてゐた。

之等の人達は又氣合を以て、電燈を消したり點けたりすることも可能である。電燈の明滅の古い實驗は明治三十年頃、札幌農學校で眞言宗の僧が實驗したのが我國での嚆矢であるが、之は今日の言ふ念動であり、本院の唱ふる靈力命令の一種である。

第四　軸物が獨りで巻上る

大阪市玉造の加瀨氏が大正の初め頃よく實驗したのであるが、一幅の軸物に向つて猛烈に思念力を送るとその軸物が獨りで下からクル〳〵と捲き上る、暫くの間そのまゝ停つてゐるが、術者が下腹の力を抜くと同時に軸物が下へ解けて下がるのである。

第五　繩を切れども元の如く繼く

山井某といふ靑年は敎育ある文士畑の人であるが、幼少の時、兄から催眠術をかけられた事から通常人から見れば奇術とも見える實驗が出來る、之も思念力の作用である。身体をガンヂ搦みに繩にて緊縛した上之を椅子に括りつけて消燈すると間もなく無我狀態に入り、スポリと繩から拔け出し、繩の縛り目も元の儘である。又或る實驗では五尺位の綱を三片に截斷して與へると之を元の五尺の綱に戻したが繼目などは見當らなかつた。また鉢や金盥に握拳を突き付けると恰も磁石の如く吸ひ付けられ五六秒間空間に持上げられる。

第六　隙間を飛ぶ人体

明治四十年頃北海道の十勝國茂寄に岡山の舊藩士と稱する獨居の老人がゐたが、當時同地に開墾事業をやつてゐたK氏が或る日此の老人を訪問した。此の老人は無慾恬淡で錢さへあれば酒ばかり飲んでゐる樂天家で、商人が掛取に來ると無言で正坐瞑目して合掌し、やがて坐つたまゝ四五尺ばかり空中に浮揚し、暫くして靜かに下降して目を開き、今日は是で勘辨して呉れとて掛取りを追ひ歸すといふ評判が高いので、K氏は其の實驗を見に行つたのであつた。申込により老人は其れでは一つ御覽に入れやうとて、締切つた居室の襖の引手を取り外づし二寸徑の穴を作り、立上りさまにヤット一聲氣合の聲と共に老人の五体が其の穴に躍りかゝると同時に消失せて了つた。そして襖を開けたら隣室に居た。Kはこの非凡の現象に驚いたが老人に向ひ瞬間に襖を開けて隣室へ飛び込むいはゆる忍術でせうと問ふと、老人は決して忍術などではない、眞實に穴を潛るのだとて、今度はK氏に襖を押さへさせて再び躍り込んだが、如何にも穴を潛つたと見るより外はないと話してゐた。

第七　瓶中の指輪が獨りで抜ける

ライプチッヒ市のツエルネル教授はヘンリー・スレードと云ふ能力者の實驗をしたが、此の術者は密封した瓶中へ小物体を竄入させ、次に羅紗の袋の中に指輪を縫込んで置いたのを、羅紗を破らず糸もほぐさず忽ち指輪を取り出した。索の兩端が、檢證人の手で豫め封じられてゐたのを手にして、連續して四個の結目を作り得た、此の結目の出來た無端の索は今はライプチッヒの博物館に陳列されてゐる。

スレードの實驗中に椅子や酒瓶が密閉した室內へ飛込んで來たが、其物を觸つて見ると相當熱せられてゐた、此の說明は、靈の力により固体が一時的に氣化して、物の空隙、即ち扉の鍵穴とか天井板の合せ目の隙間から細長くなつて潛り込ませる。その爲熱が生じてゐるのであると說く人もあつた。

固体が一時的變化で、瓦斯体になることは可能としても、瞬間にそれが原狀に復することに對して、種々の異說もあるが、此の實驗の事實は嚴然として事實であるから、正に超物理現象として取扱つておいて、說明は將來に待つより外はない。

第八　密閉せる室內にライオンを出す

數年前に佛蘭西の心靈研究者の機關誌は、ワルソー大學敎授で能力を有するクルスキー氏の實驗を報告したが、それによると、動物靈を呼び出し、それに軀幹を保たしめる實驗をした。彼は眞物同樣のライオンを實驗室に出現させ、立會者に向つて咆哮させたが、一同色を失つて驚いたといふ。次でクルスキー氏は自分の身体を、俄然實驗室から消失させて了つたが、他の人々が之を探索したら、室外のある物蔭に昏睡のまゝ臥てゐたと云ふ。この時立會者中には、フランスの心靈學者もゐたが、その不思議な現象に對して責任保證をしたさうである。

第九　卓子の隙間から花を出す

英國の園藝家ジョン・カーソンが倫敦の交靈會に出席したとき、靈能者に山茶花を出して見せて吳れるやう念じてゐると、その希望通り一輪の山茶花の花が完全に取出された。しかも卓子の細い割目から出されたものであるにも拘はらず、顯微鏡で檢查しても何等の損傷が發見されなかつた。クルックス博士も度々斯樣な實驗をしてゐる。

第十　卓子は空中に浮揚す

ロムブローゾ博士及モーセリ教授は、ミラン及ゼノアに於いて一九〇七年、靈能者ユーサピャの實驗をしたのは有名なものであるが、ユーサピャは手を觸れずにギターを鳴らせたり、粘土に指方を印せしめたり、空にペンを動かせて下の紙に文字を書いたり、種々な稀らしい實驗をしてゐる。ある時は電燈を點したり消したりもした。或る時は卓子を空中に浮揚させ、それが四十五度に傾いてゐるのに卓子の上の皿が落ちなかつた。

之は又他の實驗會であるが一小兒が四百斤の重さあるピアノを手に以て數回持上げた事實に基いてゼネバ大學のマークターリー教授は『人間の頭腦內の磁器的流動体は自由に人体外に活動する』と發表し

總ての活力を物の力と精神の力との二種に區別したが、ハーバート大學の化學者ロバートヘーヤ教授も同樣に、物質外の强大な活力を認めてゐるのである。斯樣な各地の種々の實驗や、本院で行つた實驗等を書き列ねて行くと之だけでも大部の書物になつて仕舞ふからあとは省略することにする。

心靈の機能はかくして漸次に深く細かく研究せられゆき、今や實際不可思議と思ふくらゐまで其の微妙なる偉力を發輝するやうになつて來てゐるのである。

第五章 此の偉力を治病に應用せよ

人の動作を支配したり、動物に命令したり、椅子や卓子の如き無生物にまで或る動作を行はしめるやうな强力偉大なる心靈作用を以つて、是れを治病に應用すれば、又素晴らしい結果をもたらすこと蓋し、思ひ半ばに過ぎぬものがある。

支配力が强く、刺戟力の多量に保つ心靈作用を巧みに利用して、生理機能の活動を盛ならしめ同時に病根を衰へさせ、卽ち活動せしむべきものを盛んに活動せしめ、抑制すべきものを抑制し、而して病を去り壯健に甦《よみが》へらせる一大機能を發輝して驚くべき効果をおさめてゐることも蓋し當然の事實である。

けれども心靈治療に利用する靈力は必ずしも無生物にまで感應する程の微妙強大にして徹底したるものでなくとも充分効果が現はれるものである。普通狀態の精神力でも善導利用の方法によつては、可なりの治病上の効果を見得るくらゐであるからである。普通以上のいくらかの靈能が發現したならば之れを治病に利用して、それでも可なりの効を奏するものであることは、自分達の常に實驗するところである。自分達の組織する研究會の會員中に於ても僅かの作術にて、淺く弱く活動する靈能を以つてして、しかも普通の腹痛くらゐは忽ちの中に除去して了ふ事實に徵してみても、そんなに深く強大なる靈能發現を要しないことが判るのである。普通の人が家庭において練習し、少しく靈能發現が可能になれば、それだけでも日常輕微な治病には無論相當な効果をおさめることができ、積極的には輝く壯健をもかち得るに至るは決して難事ではないのである。

心靈の作用によつて病を癒する其の結果の著るしいことは實に驚嘆に價するものものがある。藥を飲めば暫くにして血液に混交して全身を廻り病のある個所も、ない個所も何等撰ぶところなく一分間に二回づゝ通過するのみで實に迂遠なものであるが之に比較すれば、心靈治療は患部に直接の作用を誘起ししかも其の一點に集中するのであるから、奏効の速かなる點に於ては遙かに前者を凌駕するものである

心靈治療の偉力は、自分の多年の實驗上からでも、又諸外國の實績を見ても最早や説明するまでもない事實であつて、際限もない實例を捕へ來つて、こゝに喋々する必要もないから是はこれくらゐで止め今度は然らば如何にして此の靈力を發現せしむべきや、といふ窮極に進むことにする。即ち吾々普通人が普通精神以上の微妙強大なる靈力を如何にして發動せしむるかといふ、最も重要なる根本問題に移り自分の自習した方法を述べて諸士の實習を願ひ体得して貰ふことにする。此の靈力發現こそあらゆる治病法（心靈治療法）を行ふ最大の根元であり、唯一の元動力となるべきものであつて、苟くも心靈治療を行はんとするもの、第一條件なのである。

第二編　靈力發動の原理

普通精神以上の靈能を發現せしめて、いはゆる奇跡を行ふこいへば、一寸珍

らしく感じるこころから、自然誰しもなか〱困難な業であらうと、喰はずじまひにあきらめて了ひ、かやうなことは既に先天的に、さういふ特殊の性能をもつた人のみの行ひ得る除外例の現象に相違ない、卽ち日蓮や親鸞の如き高僧知識でなければ出來ない困難な業で、普通の人間には先づ不可能、且つ無理な注文であると定めてゐる人が甚だ多いが、それはまさしく大きな誤解である。本院の會員にしても、初めから自然的に靈能の發現した人は殆どなく、入會して研究習練してゐる中に漸次に心靈の覺醒誘導を起し遂には必ず、何か特殊な普通以上の能力が發現して來るものである。此多數會員の實績を見ても決して一般の人が考えてゐるほど左様に困難な事實でない事が斷言出來る次第である

しかしながら唯勝手に、順序も踏まず適當な方法も行はずして只徒らに靈能を出そうとしても、それこそむつかしい注文であつて必ず失敗に終り、失望の內にやめてしまふことになるのは當然である。そこで本書に說く所は多年自分が實習して見て是れならばといふ多少自信ある方法を述べ、諸士に傳へて練習して頂く事にしたのであるが、既に多數の人々によつて實地に練習せられ可なりの實績を擧げてゐる方法であるから、必ず諸士に於ても相當なる効力を發し、靈能發現を見ることは信じて疑はぬ所であ

る。さて、先づその方法を述べ實地の練習にとりかゝる以前に、靈能發現上大切な確信を保持して貰ひたいために、我等の普通精神活動の其の奥には、誰しも先天的に靈能なるものを潜在保有してゐること又是れに適當な刺戟を與ふれば必ず、深き眠りより醒めて活動し初めることの大略を述べて諸士の奮起を促さう。

第一章　靈能は吾人に附與せられた天惠なり

心靈能力は吾々人類には自然に與へられてゐるものであつて、靈能發現といへども何も別に作るものでもなく、又新たに創造するものでもない。我等人間には天與の惠として自然に備はつてゐるのだが只普通狀態の場合では其れが深くかくれて活動を起さないまでのことである。

即ち我々人間には視る、聽く、嗅ぐ、味ふ、觸はるといふ五感があり、此の五感を基調として成立つところの心の働きを、普通にこれを精神作用といはれてゐる。されど詳しく精査すれば更に是れ以外に第六感なる名稱のもとに微妙なる機能をなす今一つの感覺の潜在することが發見される。ちやうど光線を分解して紅、橙、黄、綠、青、藍、紫の七色以外に更に赤外線、及び紫外線といつて普通我々の眼では見ることのできない光線があり、我々が太陽に照らされて肌の黒くなるのは此の紫外線の作用であり日陽ぼつこに暖をとるのは赤外線の恩惠である。其の化學的作用の烈しいことは、彼の七色を凌駕すること數等である。これと同じく我等人間には五感以外に第六感があり、且つ其の作用も五感以上に高尙微妙なものであつて、是れを基調として働く一種の精神作用を潜在精神といひ、いろ〳〵の不思議な作用をなすものであるが、平常では心の奥殿に潜んで動かず、長夜の眠りに就いてゐるものである。而していはゆる强烈なる心靈發動といふのは全く、此の潜在精神の俄かに目醒めて盛んなる活動を開始したときの現象をいふのである。

されば靈能發現といつても、全然ないものを新に作るのではなく、既に存在はしてゐるが唯だ、かくれて眠つてゐるものを表面に出し、眠りより呼び覺ますだけのことである。それならば、かゝる能力の既に潜在して自然に保有してゐるといふことは何うして判るか、といへば其れは先天的に靈能を發現しつゝある數々の例證が是れを證明してゐることによつて知り得るのである。種々の感應力や透視能力を最初から持つてゐて、箱の中の物品を知つたり他人の心を讀んだりする先天的の靈能者が世間にいくらもゐるといふ事實に徵しても判ることである。是等の人は別に、苦勞し工夫して体得したのではなく、自然にそういふ能力を初から持つて產れたのであるから、決して後天的、人爲的といふことはできない全く自然から本能的に附與された性能なりといはなければならぬ。即ち深所にあるべき本能が偶然表面に現はれたのであつて、深海の暗礁が何かの都合で海面に現れたまでのことである。

更にかく最初から能力の自然に出てゐない、即ち何かの都合や偶然に依らなかつた人々でも身体的精神的の兩方面から適當な作術を練習してゐると、やはり何等か特殊な能力が必ず出て來る事實を見ても既に其の胚種が体内の何處かに存在してゐたことを確認することが出來る。即ちかくれた第六感に人工的の刺戟を與へて眠りから呼び覺ますと、これが出て來て面白い活動を開始するのである。前にもいつた確信を更に強く持つて貰ひたいから、もう少し歩を進め「我等人類は何人も靈能を保有す」といふことの證據をあげて説明したい。

第三章　吾人の祖先は何れも靈能家であつた

大昔の人間界には、隨分發達した靈能が發現してゐて、日常生活に是れを利用してゐた形跡が明かである。大昔には言葉なるものが存在せず、其の當時に自分の意思なり思考なりを他人に傳へたり、人の意志を知つたりするには何うしてゐたかといふと、無論今日吾等の用ひてゐるやうな行屆いた言葉がなかつたから、他の一種の特別に發達した感能を以つて是を補つてゐたのである。即ち古昔の人類が、自分の意志を發表する方法としては、鳥や獸のやうに唯、ピーとかキャーとか實に簡單至極な發聲と、それから顔のゆがめ方、眼の動かし方、或ひは手脚の運動等誠に簡單な方法ばかりであつた。そんな不完全な方法を以つてしても可なり複雑な意志を互に通じ合ふことの出來たのは、其の間に特殊な感應作用が行はれてゐて是れを助けたからである。今日研究せられてゐる讀心術などは却つて昔の人には普通の感覺として保有せられてゐたのである。

其の後、人間の智識が發達して、漸次高尙な智能の働きが加はるにつれて、言語なるものが著しく發達し、今日のやうに重寶便利な、意志なり思考なりを他人に判然と傳へ得るやうに進步した。そうなれば何も特殊な感能作用がなくとも事は濟む、其處で言葉の發達するにつれ、感能力は次第々々に衰へ始め、終に昔の遺物として心の奧底にひそみ隱れたと見るべきである。猶一般に文化の進步、科學の發達は、感能作用を衰へさせた最大の原因である。今でも田舍の山間に住む人や、濱邊の漁師なぞは殆ど本能的に、自然的に明日は晴天だとか雨天だとか、暴風が來るなどと何とはなしに前知して常に適確に言ひ當てゝゐるが、文化の發達した都會に住する人では、每日科學的觀測による測候所の豫報のみに依賴して別段自分で知る必要もなく、從つて天候の變化に伴ふ或る種の現象を知覺し、其の前兆に感ずる能力に衰頽を來たし、自然天氣を豫測することが出來なくなつてしまつたのも又已むを得ぬ。凡てがこういふ傾向に進み、次第々々に靈能作用を減退させてしまひ、科學の進步と反比例に其の機能は益々退步の一途を辿つたのであつた。

しかし科學といつても範圍が廣い、こゝでいふのはいはゆる物質科學のことである。近時漸く勃興の機運に向いて來た心靈科學が更に一段の向上普及を見るに至れば、再び靈能の刺戟發動が誘起せられて物質科學偏重によつて一時衰へた心靈作用が、再び吾等によみがへり活動を開始し、種々の事象に利用せらるゝに到ることは當然であり、又期して待つべきことである。

第三章　靈能の再現性

嘗つては表面に表はれてゐた性能が、生活順化によつて奥にひそみ、再び何かの刺戟によつて、ひよつくり表に現はれることを進化論では再現性といふ。これは既に諸士の熟知せらるゝ通りである。

世の中には耳を勝手に動かすことの出來る人がゐる。これは人間が大昔に於いて、牛や馬のやうに耳を前後左右、音のする方向に向け得た當時の性能が幾百千代の後、何かの刺戟でひよつくりと現はれたのである。同じやうに種々の奇蹟的現象を起す靈能を先天的に持ち合はせてゐる人がある。これも太古非常に發達してゐた靈能が、今日に至つて何かの衝動刺戟に觸れて、偶然其の精神活動の上に再現した現象に外ならぬ。これを見ても我々の心の奥の何處かには、かゝる靈能の潜在してゐるといふことは自ら肯定できる次第である。即ち太古における自然的本能たりし靈能の、今も猶存在はすれども、低く弱く心の奥殿に保存せられて普通狀態では其の姿をも見せず、全然滅失されたかの觀を呈してゐるまでのことである。がたまたま何か偶然の刺戟に會へば、心の表面に現はれて茲に先天的の靈能者が産れるわけである。

其處で、只徒らに自然の動機、偶然の衝動に委せず、特に人爲的の方法を施して靈能發現に好適な狀態を作り、人爲の動機刺戟を與へても、結果は同じく右のやうに靈能の發現するものであることは、心理學上の研究實驗の結果に於ても明かであり、實際家の實驗に於ても立派に證明されてゐる次第である

第四章　靈能は練習によりて必ず發す

感覺や精神は必要に應じて變化するものである。今我等の有する身体なり精神は、最初から此の通りのものが出來たのではない。現在の人間の有する眼、口、耳、鼻、手脚及び精神作用について見ても、人類の初めて出來た時代から此の通りに出來上つてゐたものでは無論ない。永い間に色々の變化を經て遂に現在のやうな恰好になつたのである。又そうして是れが最後のものでもなく、更に今後とも漸次に變化をつゞけ、其の形も、其の機能も次第に異なりゆくのである。若し永き將來の後に再び我等が此の世に現はれて、其の時代の人間を見たならば、びつくりするやうな恰好に變つてゐるかも知れない。我々がこうしてゐる間にも、微細なる變化は、小止みなく行はれつゝあるのである。

然らば何故に、かゝる變化をつゞけ一刻も靜止するところがないかといへば、それは正しく自然界其のものゝ變化に基因するのである。自然界それ自身が常に、其の進行は緩漫ながら一刻も息はずに變化の道程をたどつて止むところを知らないからである。かくして我等の住む周圍の環境が變化し、又我等はこれに從ひ、これに順應すべく自然界の變化の跡に追從しゆくのである。大自然の變化に從ふのみな

らず更に、卑近なる方面としては我等が住する地理的關係により、或ひは職業的種別等によつてゞも著しい變化が起るものである。

即ち我等の身体及精神には、其の當時の生活に最も適合するやうに順化してゆく性能があるからであつて、習慣により、練習により、必要に依つては漸次に形も働きも變化を遂げ、遂に想像も及ばぬ狀態を呈するものである。たとへば漁師は、いつも廣漠たる海上ばかりに生活して魚群の襲來を注視する。遠く水平線の彼方に現はれる水の色、波の形によつて魚群襲來を知る必要があるから、物を見る視覺の力は普通の人間よりは遙かに發達し、如何に注視しても見難い水平線上の黑一點をなす船影さへも、明かにそれと知り得るやうになつてゐる。

又盲人は大切な視覺を失つてゐる。從つて手や指先で觸つてみて、物を知るより外に途はない、されば盲人にとつての觸覺は實に重大なる使命を帶び、なくては叶はぬ重要なる感覺となつて來る。そうなると必要上から更に觸覺の緻密なる練習をする。練習すれば益々鋭敏になり發達をとげ進化し、遂には衣類の善惡新古を知るばかりでなく、其の縞柄までも、只指で觸れただけで言ひ當てるものさへ現はれて來るのである。即ち必要と、不斷の練習とにより、我々の想像もつかない微妙鋭敏なる一種不可思議の觸覺が作りあげられたのである。

右の理論の如く心靈作用に於ても、其の必要を感じ、練習を積めば其の能力が出て來て遂には驚くべき奇蹟現象さへ現はすに至るは當然のことであり又實驗者の事實も雄辯に之を證明する所である。

第五章　心靈の本質

最近の心靈學に於ては心靈なるものは、我等の頭腦の一局部にのみ偏在するものではなく、肉体の全部に遍滿充實したる一種の精氣体である。その感受性は肉体に於けるが如く場所によりて異る、之は靈細胞の排列と密度との關係によるもので、原形質の優劣には依らぬものである。其の證據は練習によつて局部の感受性を左右することが可能であることにある。心靈体は一定的な色を有し、重量を持ち凝集力に富み、膨脹力を有し又彈力性を持つてゐると說明せられてゐる。

心靈の根元たる靈素は或る學者によりては電子より形成されたものとなし、また或る學者はエーテルの變形物であつて電氣に似たものと考察してゐる。又一方に於ては一歩を進め心靈素の原子体ともいふべきものは化精と稱する一つの精素であると說かれてゐる。

一　心靈体中の夾雜物を除去せば即ち人は神に近づく

普通、心靈体を形成する靈細胞の空隙に夾雜物が入つてゐるが此の空隙にもし多量の酸素が竄入すると怒りつぽい、いらくした神經質の人間となり、反對に無頓着な性質の人間には窒素が多く這入つてゐる。其處で自制修練に依つては其の心靈体に混入してゐる物素、即ち夾雜物を驅除することが可能で此の除去方法を練習するのが靈能發現の方法であり、此の最も徹底した人は古來唱へられる神人であり仙人であるが、たとひ其處まで進展せずとも、種々な奇跡實驗をなし得る程度までは、誰でも修練に依つて出來るものである事は疑ふべからざる事實である。

二　心靈の光り

心靈体が光輝ある電磁性の放射物を有つことを發見したのは、オーストリャの科學者ライヘンバッハ氏である。それは今から約六十五年前のことで、彼は此の研究には一八六六年から約十二ケ年間沒頭し遂に之を確かめ、之をオード（Od）と命名してゐる。

ライヘンバッハ氏の實驗が評判になつて一八八三年に倫敦の心靈研究會でも實驗した。四十人が暗室に入り人体より發するオードの光りを見たのであつたが、更に此のオードは物体の運動さへも起し得ることが發見され、今日では心靈學者の常識とまでなつてゐる。人間の思念力が物体を動かすのは、オードの磁力的の能力によるといふことは明白である。オードを思念力といふか特殊の方法で之を集中せしめると、作用を起して物体を動かし得ることは各種の實驗により又學者によつて證明されてゐる。

彼の伊太利の文豪マーテルリンク氏などは、生命の源泉はオードだとさへ稱してゐる。オードが「モノイデイズム」と称するものに變形されてから異常の治療能力を發輝し、困難なる治療を要する重病をも容易に治し得るものであると信じ、且つ實驗し又發表してゐる所である。

三　デシャニン鏡

米國の電氣學者ラス氏は人の眼から、物体を動かしたり、物質を透過する奇妙な光線の放射されることを報告してゐるが、本院生の中にも眼力にて人や動物を居すくめる實驗者は無數に居る。

次に一九〇九年に英國の技師キルナー氏はコールタールから製出したデシャニン染料をアルコールで溶き之を二枚の硝子に塗り、これで人体を檢照することによつて、人体から厚さ一寸乃至三寸に及ぶ光層が數段あつて後光の輪廓を爲す寫眞を撮つた。しかもデシャニン鏡によつて見得る人体光線は、情緒によつて、其の光度を異にして婦女子は隨意に變色せしめることも知られた。

手の指頭より强列なる靈氣の放出することは本院の實驗でも明白な事實である。

第三編　靈力發現の秘法傳授

第一章　靈力發現術修練の準備法

以上述べ來つた所に依つて、何人も練習によつて必ず靈能を出し得るといふ確信を持たれたと思ふが、さて是から實地の修練に取掛る前に先づ必要な準備方法を心得ておくことが肝要である。其の準備として第一に必要な事は我々の精神をして、靈氣發現の容易に行はれるやうな狀態に導きおくことである。

無論後章に詳しく述べる所の具体的作術方法だけでも、立派に靈能は出るのであるが、一体靈能作用といふものは精神的の仕事であるから、やはり精神を雄大、壯嚴、絕体的のものとし大いなる心持をもつて、天下何者をも恐れない底の意氣と確信を保持して進んだならば、更に一層、其の効果が著しく、發現も速いから、即ち靈能發現の補助的準備として、本章を設けた次第である。

◈崇高にして雄大なる精神を持つこと（其の方法）

靈能發輝の一助として、自ら神や佛になるといふ信念は非常に有効である。即ち靈能の發現するのは、宇宙の絕對的偉力が、自分の魂魄に宿つて、そうして其の神秘的活動により、いはゆる一般の人から見れば不思議とも奇蹟とも見ゆる超越的能力が出るものであると、斯やうに信じて練習にとりかゝることが、一つの大切な要件である。

當院の哲學を研究した人々は此の點では、動かすべからざる强い信念を持つてゐるから自然靈能發現が非常に速い。是は哲學上の話であるから一種の學說、或ひは單なる假想的空論に近いものだと一蹴し去る人もないではないが、決して空論ではなく事實て我等の精神に、宇宙の絶對偉大なる大精神が宿つて我等の精神と合一合体し、而して後恐るべき靈の力が發現するものであることは疑ふ餘地はないのである。然しながら唯こう獨り定めに斷定しただけでは、判然としないから次に一通り其の譯を略述する。

一、宇宙の大心靈

春になれば花が咲き、秋になつて落葉する植物の變化、大きくは月は地球の周圍を回轉し、地球は自轉しつゝ、又太陽の周圍を廻る。萬物萬象の創生から其の構造や運行に至るまで、思へば何れか不思議ならざるものはない。

斯樣な總てのものを何時、誰れが何うして造つたか、到底吾人の智力では企て及ばぬ大事業ではある。茲に於てか問題は自ら哲學の門に入り來るのである。而して我々は茲に或る絶對的の力を感知するに至るのである。即ち是等の萬象悉くを支配するところの或る絶大崇高なる一つの力なるものゝ存在を認めない譯にはゆかなくなる。此の偉大なる力を、印度哲學では梵天と稱へるのである。卽ち梵天は、至大至上、絶對崇高の偉力を有し、萬有悉くを支配してゐるもので、宇宙、世界に於ける凡そありとあらゆる現象は、これ悉く梵天の意志に基いて動いてゐるのである。

梵天のことを、或は神といひ、絶對界といひ、造物主といひ、或は又宇宙其のものともいふ。名稱は人により、考へ方に依つて、いろ〳〵と區別があるが、其の根本たる萬有の主体、無始無終、無邊無限

の大勢力を指していふ點に於ては全く孰れも同一のものもであつて、これ即ち言を變へていへば宇宙の大心靈なのである

二、宇宙の心靈と人間の心靈

前項で述べた大勢力と、我等人間との關係は何うなつてゐるかといへば、我等人間も亦、無論此の最高至上の大勢力の中の一部として包含されてゐるものである。

所が又、人間界からいへば、吾等の靈中には、此の至上の勢力が宿つてゐるのである。而し人間は人間としての特殊な、相對的事情のために、折角宿された此の尊い大心靈を微弱極まるものとして了つてゐるのである。いはゆる俗事の曇りを以て蔽ひ隱して其の輝きを失ひ、其の活動を閉塞して了ひ僅かに心の奥底に潜在し、全く影をひそめて了つてゐるのである、されば凡俗の心事を取り除き、雜念を排除し、一枚また一枚と蔽ひの幕を剝いで行けば、遂には玲瓏たる眞如の月が照り輝き始めることになる。

此の狀態をさして印度哲學では、梵我と自我の合一合体と稱へる。即ち神と自分とが渾然として融合した、崇高神嚴なる靈動狀態を指していふのである。

崇高神嚴なる神の心と一致したときの人間の心靈には、凡ての現象界を知し召す神の心を宿すことになるから、亦自ら、人間にも凡ての現象が、悉く此の靈上に反映するに至るは當然である。

一体、現象界といひ、絶對界といふも、決して二つのものが、個々に相對立してゐるわけではなく、同

一物の兩面に、各々異つた名稱をつけたゞけである。絶對界の心がいろ〳〵に表現するに從つて、現象界が現はれるものであつて、此の二つは全く同一物の兩面にすぎぬものである。其處で現象界に變轉として動く人間の魂魄を、絶對至上の靈光と合致せしむることの可能なる事實は、嚴然たる以上の眞理を以つてしても少しの疑ひもなく考察確信することが出來る次第である。此の境に入りたるを稱して、吾々人間が靈動狀態に這入つたといふのである。たとひ平常の場合には、雜念に曇り果てたる普通人でも後に掲げる方法を練習して、斯ういふ狀態を構成したならば、必ず靈動狀態に入り靈能活動が起つて來ることは、理論のみならず事實に照して、否むことが出來ないわけである。話が哲學の部門に入つてゐるから參考迄に吾等の奉ずる印度哲學の大略を僅かばかり左に述べて一層、精神の淨化と信念の確立に資したいと思ふ。

三、印度哲學の眞髓

印度、これほど數々の驚異と不思議に充たされた國は又とないであらう。灼熱岩をも溶かす赤道直下から茫々たる原野山林を貫くこと二千里にして、千古不滅の白雪を戴くヒマラヤ連峰に至る廣漠たる此の一大魔境には、想像もつかぬ神秘あり不思議あり壯嚴がある。上古四千年前、既に絢爛たる文學があり、玄妙なる哲學があつた。ミューラーをして『西洋哲學の根元なり』と喫驚せしめ、ヴィルアムスをして『印度人はスピノザよりも二千年以前に於て既にスピノザなりき、ダルウインよりも數百年以前に既にダルウィンなりき』と驚嘆せしめたものである。

その最初人生の恐怖不安が出發點たりし呻吟の時代には『聖者よ、骨と皮と髓と肉と精と血と液と涙と糞と尿と膽汁と脂肪とより成る此の身体に何の樂みかあらん。快樂、貪慾、憎惡、虛僞、恐怖、瞋恚嫉妬、愛別離、怨恨會、飢渴、老病、死悲の諸惡に充てる此の身体の樂みそも如何せん』とかゝる悲觀呻吟の結果、遂に哲理に入つて一大光明を臨み、悲は悅に變り不安は去つて安立の境地に入るを得たのである。かくして臨み得たる一大光明の哲學は、之を詳論せんとすれば際限もなく又本書の主旨でもないから、此處では總ての論述を省き、たゞその根元とも稱すべきウパニシャドの要概を簡單に說明するに止める。

扨て印度哲學の發祥根元は如何なるものかといへば、それは印度古代學術の內明論に歸し、その經典ともいふべき Upanishad ウパニシャドの說く心、それが印度哲學の根本觀念なのである。それは即ちあらゆるものよりも高き最上の世界、その世界に輝く梵我の光ありて是は至大至高、絕對の偉力を有し萬有を支配する。しかもその光は人間の靈中にひそむ光と同一である。其の眼に見ゆる證左としては、人間の体中にも絕對至上のそれの如く熱もあれば光もあり耳を塞げば音も聞く、叡智その体は靈であり、その形は光なり、思想は眞なり、その性はエーテルに似て普遍なり。といふのである。今少し平易にいへば、宇宙の原始、諸神の性質、精神の本性、精神物質の交涉等の哲學問題を極めて神秘的に解釋したもので、即ち最高至上の大精神を知り、迷妄を打破する秘義を説いたものである。大体の意義は梵我一如の大義を確立した深遠幽微の哲學である。

此の間に一派の Buddha は後の佛敎となつて現はれたものである。

今日吾等が透視靈能發現の際、此の大哲學を奉ずる所以のものは、即ち玲瓏なる心境を得て神秘的靈力發現をなす其の由因は、いはゆる梵我一如の心境に入り得て始めて爲し得るからである。三昧の境、淨玻璃の心境、それは哲學上、天上の梵我と吾々人間の自我と合一合体せし狀態を指すものであるからである。

四、自ら神となる

心靈術の大本として、自分が神や佛になるといふ信念を持つことは本術習練上にも大變有効で必要な條件である。いよ〳〵自分が神になつて了ふといふ堅い信念を保持することは心靈發現の精神的準備として最も大切なことである。

靈能發現といつても別段他に求める必要はない、自分自身の靈其のもの、發輝であるから、此の場合に當つては、天上天下唯我獨尊、此の天地間には我よりも尊く我よりも偉大なるものは最早や一物も存在せず、我即ち絶對者、我即ち宇宙一切の主權なりといふ、敬虔にして嚴肅、崇高至上の人性人格を確認し、絶大の自信を確保せねばならぬ。

是れが先づ第一の精神的準備である、そんなことで効果のあるものだらうか、自分にもそんなことが出來るだらうかといふやうな、因循姑息、疑心暗鬼を以つて自分を信ぜず、本術を信じないやうなら寧ろ初めより着手せざるに如かずである。ひたすらに信念を確かにして、自己内面に隠れてゐる宇宙最上の靈力を今より現はさうとする確固たる自覺を以つて本術修練の出發點としなければならぬ。人は深く信じて他に信念を曲げられないとき、其處に一種の働きの起るものである。

絶對界と現象界。神と人との關係について大体上來述べて來たが、其の信念を今一層鞏固にしたい老婆心から最後にもう一言、宇宙と自分との關係に就いて再言しておきたい。宇宙といふものは時間にも空間にも際限のないもので、即ち無始無終、無限無邊であるから、從つて我々の考へるやうに、千里萬里は遠く千年萬年は永いといふやうなことは更になく、無限といふことから見れば、ほんの一點一瞬である。太陽の大と、昆蟲の小とは我々には大きな懸隔と觀じられるけれども宇宙に於ては何でもないことである。平等、無差別であつて決して大小、遠近輕重の差を感じない。即ちあらゆるものを包含して其の悉くが渾然と融合してゐるのである。萬有總べては宇宙の部分である。我々は又萬有の一部分である。宇宙は又我々の如き部分が集つて成されてゐる。即ち全体といひ部分といつても、素々一つの有機組織の下に結合せられてゐて、部分は全体に合し、全体は部分と同意志である。此の理をよく悟つて自分と宇宙は、元々一体である。自分即ち宇宙、宇宙即ち自分であるといふ根本觀念をしつかりと捉へて本術を修練したならば、又實際に於いても宇宙の大靈を享けて、是れを現はし得るに至るものである。斯ういふ絶對的でやゝ程度の高い考へ方をしては何うも腹に這入り兼ねると思ふ人があれば、それには只一言、自分も神や佛になり得るものなりといふ確信さへ持てば其れで充分精神的の準備が出來上つたわけである。

而して精神を平靜にするために作術を始める前には生活上の憂ひや仕事の上の懸念や、總ての事を先づ投げ打つて、過去に於ける愉快なる經驗や旅行の追懷等をなして精神を輕くしておくことが必要である。但し作術に熟練して來れば、心配事の眞最中に作術に取掛り、かうして現はれ來る偉大なる精神力によつて其の心配を吹き飛ばすやうになるのであるが、最初の間は、やはり心を平靜にしておいてから作術に取り掛るやうにすれば、靈能發現が迅速に行はれる利益があるものである。而して次の信條を嚴守して頂きたい。

一、强き信念を持つこと

一、希望を持つて愉快に始めること

一、他人の批評など眼中に置かぬこと

一、焦らずあわてず練習を續けること。

第二章　靈力發現秘法（作術法）

本章から愈々靈能を發現させる方法を順序を追ふて說明して行かう。文字に書き文章で現はして行くと、一見面倒臭いやうにも思はれるが此の方法は直ちに會得し、書物を放れて練習することが出來るやうになるから暫くは本書を開いて見ながら其の方法を實行して頂きたい。

一種の刺戟と精神の集中方法によつて恍惚狀態に入り現在感覺や、現在意識を一時沈靜に歸し、かくれたる靈能力を發揮せしむる方法であるが、以下述べる所の方法は、自分が種々工夫し實行した中で一番効力の强大敏速に現はれた方法で、自分が靈能を正確に出し得たのも、全く此の方法を習練して出來上つたもので、此の方法を習練しておれば、男でも女でも靑年でも老年でも、著るしい身体的障害や大きな精神的故障のない限りは、誰しも相當なる効果をおさめ靈能を發現し得ることは疑ひなき事實である。それは本院の既往に於ける多數入會者の實習結果に徵しても明かに斯く言ひ得るのであつて、人により其の發現の深淺强弱大小の差こそあるが、發現するかしないかは最早問題とならぬくらゐ確かである。

さて以下漸次に述べてゆく方法通りに修練を進めて行けば、必ずや精神の活動狀態にも漸次に變化を起し、遂に靈動狀態となり、普通狀態に於ては不思議とする諸種の機能を表現するに至るのである。扨て茲によく世間の人の誤解してゐる點がある。しかも相當智識階級の人でそう信じ切つてゐるやうなことがあるから一言注意しておきたい。それは何かといふと、靈能發現は、普通の塲合には行はれず、神經衰弱か或ひは何等かの精神的異狀のある人にのみ起る變態的精神現象であるとし、又普通の人でも是れをやつてゐれば、遂には精神異狀者になつて了ひ、あたら命を縮めて了ふと言ふことである。

心靈現象をやると一寸普通の人には珍らしく感じられる。其處で何うもあの人はおかしい、精神に異狀があるのではなからうかなど、一種の狂人扱ひにして終ふのである。だが是は認識不足も甚だしい。決してそういふ憂ひはないのみか寧ろ精神は、しつかりとして人格の向上さへ招來せられ生れ代つた如く立派な性格者になり得るものである。本術の練習を始むれば精神が自然に雄大崇高となり氣力は充滿し物事に捕はれず、頭腦明快となり身体も益々壯健に輝き、修練開始以前に比して身心共に著るしく健全さを加へ來るものである。

實際修練して見れば判ることだが精神には偉大なる力が宿り、常に泰然自若として物を恐れず殊に腹力統一により血行が整調せられ正に身体の建て直しが行はれるものである。されば斯かる無稽の言辭に迷はされぬやう豫め注意しておき度い。

それから今一つ序でに言つておき度いことは靈能が發現したといふ言葉の意味である。習練が積んで靈能が發動するやうになつたといつても其れは平生、常に其の靈能が活動してゐるのではなくて、必要のときに作術して直ぐに出現せしめ得るといふ意味である。即ち靈能が發動し得るやうにまで進めば、例へば人の手の中にかくされた物品の、其れは何であるかくらゐのことは直ぐ判る。しかし何時も判つてゐるのではない。作術しさへすれば、ほんの數分間で恍惚狀態に入り、然る上此の實驗をしたならば手の中のものが判るといふ意味である。即ち自轉車に乘ることを習ふやうなもので、愈々乘り習つたと言つても何時も乘つてばかりゐる譯ではない。平生は家に仕舞つてゐるが、さあ用が出來たといふ時に乘つて走つて用を足し得るといふ意味である

第一號式　腹力統一法

靈力發現の根本は自分も今より神になる、必ず奇しき靈能は出で來るといふ信念を持つたまゝ恍惚狀態に入ることである。斯うして恍惚狀態に入ると、心の奥底に眠つてゐた神靈力が目覺め來つて、漸次に活動を起し面白き作用を始めるものである。其處で先づ第一に斯樣な狀態を作るに必要な第一號式から日

を重ねて順次に練習して行く事にする。

第一　正坐

心靈發現は心の一種の働である、從つて心が散漫浮動して落着かないといふやうな狀態では、到底發現は困難である。だから何んな靈術でも、先づ心体の調整と、呼吸の統一をはかり腹力を充たしめ心を鎭め、心身共に磐石の靜けさに落着けて終はねばならぬ。言ひ換へれば心を平和に落着けるといふことが、孰れの心靈術を行ふにも必要な、最初の基本行爲であつて、別段取り立てゝ述べるまでもないことである。自分の行ふ方法の根源となるものは靈光線の應用であるが、此の方法を行ふ前に、やはり基本行爲が必要であるから、次に此の方法を述べてゆく。此の方法は恍惚狀態を作る第一前提となるべきもので、先づ正しく坐り、瞑目し、極めて靜かなさうして深い特殊な呼吸法を行ふのである。さうすれば全身を調整して腹部に中心統一力が滿ち、延いては脊髓の中心機關の活動を盛ならしめ、我々身体を構成する各細胞の機能、及び感覺を鋭敏にし、更に筋骨の各部を圓滑にして故障なからしめ、血行がゆるやかに正しく行はれ、斯くして身体全部の整調を完成するに至るものである。此の作用が遂に全身の統一を促し、回數を重ねて練習してゐれば、遂には不自覺的意識を現すに至り、人間の本能力を完全充實せしむるやうになるのである。

正坐の方法は我々が平常坐るのと殆ど同一であるが、姿勢を正しくして、いはゆる端坐するのである胸を擴げ、腹を折らず、ゆるやかに胸も腹も張り出す氣味にして坐る。前屈みとなると腹力統一呼吸に差閊へるから寧ろ後に反る位にする。膝と膝との間隔は自然のまゝ即ち五六寸位開くやうにした方がよい。足の指は別に重ねる必要はない。常に椅子を使用する習慣の人は椅子に腰をかけてもよいが、上体はやはり反り氣味にしておく

第二　閉目

正坐して姿勢が定まると次に兩手を膝において輕く瞼を閉ぢて瞑目する。餘り强い光線の這入る窓や電燈に向ふと靈光線利用方法の邪魔になるから、光線の來る方向と反對の方向を向いて坐り輕く目を閉ぢるのである。決して强く閉ぢる必要はない。しかし眼を閉ぢると瞼に小さき痙攣を起しぴく〱動く事がある、そんな場合には指で輕く摩擦すると間もなく止まるものである。斯うして眼を閉ぢて一、二分間程はぢつとして心を落付けるのである。處が心を落付やうとすれば却つて種々な事が心に浮び、それが次第に惡化して心配事を考え出したりなどして反對に心を荒立てる結果になり勝であるから、なるべく淡い輕い何か愉快な事を考へてゐるやうにする。作術に馴れて來れば雄渾雄大な氣分が自然に養はれるのみならず、作術に熱中し注意を集中し得るやうに習慣がついて來るから、斯んな憂ひは少しもないが、始めて練習する人は、さうは行かぬから、先づ愉快な過去の追憶でもしながら淡く靜かな精神狀

態に鎮めるやうに注意する事が肝要である。

第三　腹力統一呼吸法

正坐閉目し氣が鎮まれば次に呼吸法の練習を開始する。此の方法が完全に行はれたならば、血行が正しく旺んになり、身体の各部には清く新しい血液が循還し、何とも言へない爽快さを覺え、膽がすはり氣が大きくなり、全身が温り、腹は空り氣は爽やかになつて來る。

本法實習によつて感應作用を助ける腦髄、脊髄の機能が敏捷となり、更に靈能發現を促進する腹力統一の作用が完成される譯である。

作術の型及姿勢

靜かに深く本法による呼吸を行ひ血行が調整せられ、体内の毒氣や鬱憤を悉く体外に吐き出し、身体が拭ひ淨められ、下腹には異常な力がこもつて來れば、彼の雄大壯嚴な氣分が湧いて來て、人も、難事も、災禍も病氣も天下何物も恐るべきもののなき底力が自然に出で來り、落着き拂つた雄大な氣が体内に充滿し來るものである。

此の方法は、先づ口を閉ぢて鼻から靜かに息を吸ふ。吸ひ込んだ息は悉く胸に蓄へて行くのであるから腹部は漸次にへこんで胸が張つて來る、自然上体は後ろに反るやうになる。斯うして胸一杯になつたとき今度は其の息全部を腹に落すのである。即ち今まで胸が張り切つてゐたものが、今度は腹が張り出して胸は空になつて了ふ。此の息を落すときには一度にどんと落すのである。其の際肩は急におち息も多少鼻から漏れることがあるが是れは致し方はない。そうして直ぐに其の息を、やはり前のやうに鼻から靜かにそろ〳〵と吐き出し全部の息を十五秒以上もかけて吐き出し盡すのである。但し此の吸氣呼氣に適する時間は、人々によつて多少異なり、肺活量の多少によつても違つて來るのであるから時間はいゝ加減でよい。只靜かに長い時間をかけて、吸ひ得るだけ胸に吸ひ、吐き出せるだけ腹に力を入れて吐き盡せばよいのである。それから吸込んだ息を、今度は吐き出し初める其の轉換の際には、苦しさを我慢して息を止める必要は更にない。直ぐ胸の息を腹に落し、落着いたならば又直ぐ徐々に吐き初めるのである。扨て、此の息を吐き出す場合が肝要である。それは胸から落した息を吐き出すとき、只すう／＼と静かに吐き出して了へばそれでよいかと言へば決してそうではない。此の吐き出す際には、全身の力と注意を悉く下腹に集め、下腹部は張り出し、石のやうに固くなり、其の強大な下腹の力で少しづゝ絞り出すが如くに息を吐くのである。

猶詳しくいへば、下腹は張り出す氣味にして力を充滿し、其の上部の即ち臍より上の方から、力の這入つたまゝ内にへこんでゆき、上体が自然其處から折れて前に屈むやうになる。下腹の力は、息が胸から落された其の時から充滿し息の出盡すまで決して其の力をゆるめないのである。即ち其の次に再び息を吸ひ初めるまでは、少しも力を拔かないのである。此の方法を

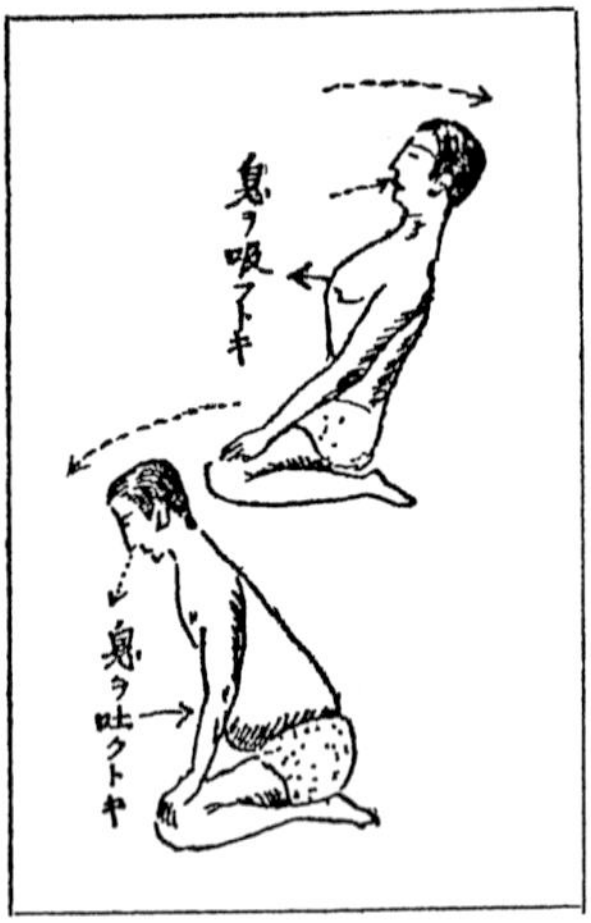

腹力統一呼吸による上体及胸腹の變化

繰り返し繰り返し行つて少くとも二十分間位ゐ之を繼續する。朝は洗面後朝食前に行ひ夜は就寢前に行ふ。そうして毎朝夕一回づゝ實行してゆくのである。

◇第一號式習練中の注意事項

一、場所　最初の間は僅かな音響や光線にも妨害され勝であるから、出來るなら、靜かなそうして餘り明るくない室で實習すること、

二、時刻　作術に馴れて來れば、白晝、しかも喧しい所でも一向差支へなく靈能狀態に入る事が出來るが、練習開始當時はやはり靜かな所が好適であるから、時刻としては早朝とか夜間の人の靜まつた時が最も適當である。

朝起きて洗面後、精神の爽快なときに約二十分間程と、夜寢る前に床の上で約三十分位づゝ毎日練習するのが最もよい。此處でいふのは少し早過ぎるが此の第一號法から順次に進み、朝と夜との二回づゝ約三週間にして第三に進む頃となれば、愈々普通以上の精神活動が現はれて來た事に氣がつく。例へば今日あの友達が來ると、ふと感じて、其の友達が果して來るとか、或る用件で他の人の所に出掛けて其の人に會ひ、未だ其の用件を持ち出さない先に、何となしに是は駄目だと感じるなど極く卑近な日常の小事件に對する先見豫感が輕く現はれ活動し初めるやうになるのである。

三、焦らず、厭氣を起さぬこと 早く上達しやうと焦ること、厭氣を起すことは靈能術習練上、最大の禁物である。厭だとか是非しなければならぬといふ負擔を感じてゐるやうでは、心の平調は求め難く、折角の習練も、それだけの効果が擧らない。それで餘り大層に思はず、手輕に行ひ、そうして毎日繼續した方が却つて結果がよい。その爲め敢へて深更の長時間を撰ばず、大層なやり方を避けて、朝洗面後二十分、夜寢る前に床上で三十分間位づゝ練習することにしたのであるが是で充分の効果が現はれて來るから心配は要らぬ

四、注意を腹部に集中すること たとひ準備が不完全であつても、又最初心身に何か故障のある人でも十日以上も此の法式を練習してゐると必ず効果が現はれて來る。最初正坐閉目の數分間は何か愉快な一事を考へてゐるやう述べておいたが、愈々呼吸を開始すれば、今度は專心、悉くの注意を下腹部に集中する。吸氣を胸から腹に落せば堅く膨脹する。次に息を吐き出すに從つて臍の上部より次第に凹んで來て終には腹全体の力が抜けて空になる。斯様に呼吸に從つて腹部は靜か乍ら相當强い運動を起してゐるものであるから、其れに注意を集中し、さあ凹んで來た、張り出して力が充滿したと其の變化狀態に一途の心を注ぐやう努力してゐると何時とはなしに心の雜念や妄想は綺麗に吹き淸められて頭は輕く殆ど空になつて來ゐものである。そうして腹力統一が益々完全に近づき、頭の輕快を感じることが、やがて來るべき恍惚狀態を早く作り出す有力な手助けをなすものである。

五、最初は靜かに練習す　此の方法を最初から餘り强く一途にするとゝ、耳鳴りや眩暈を起すことがある最初はやはり極く靜かに息を吸ひ、又極めて靜かに息を吐き、腹力統一も決して焦つて無理に强烈なる力を加へる必要はない。漸次に深く强くしてゆくのである。此の方法は生理的に無理は決してないのであるから、たとひ目まひなど起しても少しも心配はいらぬ。只そんなときは一時中止して再び靜かに初め徐々に練習してゆきさへすれば、何の不安も心配も無用である。此の方式を行ふ日數は約一週間位を要するが此の呼吸が完全に出來るやうになるとゝ、額には汗が泌み出す、そうして是をやつた後の精神は爽快で偉大なる力が湧き起り、何となく愉快になり元氣が充滿して空腹を感じ朝食なぞは實に美味しく、正に平常より一二杯は餘計にすゝむやうになる。

第二號法式　靈素の誘發法

第二號式に於ては吾人の体内に宿る靈素、今少し本源的に言へば化精の誘發法を修練し靈能發現を計る方法である。此の術法を敎ゆる前に先づ本法式によりて誘發せらるべき靈素とは何か、更に根源的に言へば精化とは何んなものであるかを說明し之を知つておいて貰ふことにする。

化精　心靈原素の本源に就て種々說があるが大部分の心靈學者はエーテルに類するものと見做してゐた。又他の一方では電子說を唱へ陰電子により物質が構成され、陽電子によつて靈素を作ると考へられてゐた。然しながら又一方では靈素は特別の原素だとの說も立てられてゐたが、果然最近、化精なるもの、存在が知られるに至つたのである。

化精とは靈素の根元であつて、生命と意志の大根源たる非常に精緻微妙なる靈氣である。而してそれは彼のオード其のものか、或はオードの母体たるものかは未だ不明であるが、恐らく後者ではないかと思惟され、宇宙間の最高至妙の物質である、吾人々類に於ては化精なるものは絶妙不思議な原素と見做し、或は彼の宇宙精神なるもの、第一次的表現物でもあらうと考へておくべきものと思はれる。

前述の第一號法を一週間も練習せば次に第二號法式に移るのであるが、此の方法を一言で言へば吾人の体肉に自然的に賦與され潜在する所の、此の靈素活動を誘導し呼び起す方法に外ならぬのである。

第一　全身の運動

次に示す八運動全部を十五分間位でやつて仕舞ふやうにする。此の準備運動は第一號法を終り第二號法に移る前に行ふのであるが、都合によつては第一號法の前に卽ち最初作術にとりかゝつたときに於て實行してもよいのである。更に進んで第一號法から第三號法まで相當の修練が積めば全然是れを省いても差支へはない。然しながら此の運動は吾人の健康增進上、大變有効で之を唯一の健康法として毎朝夕之を實行して病身が健康体となり非常に珍重して實行してゐる人も無數にある。又或る小學校では全校生に之を課して非常な好成績を擧げてゐる所もある位であるから成べく毎日實行して頂きたい。

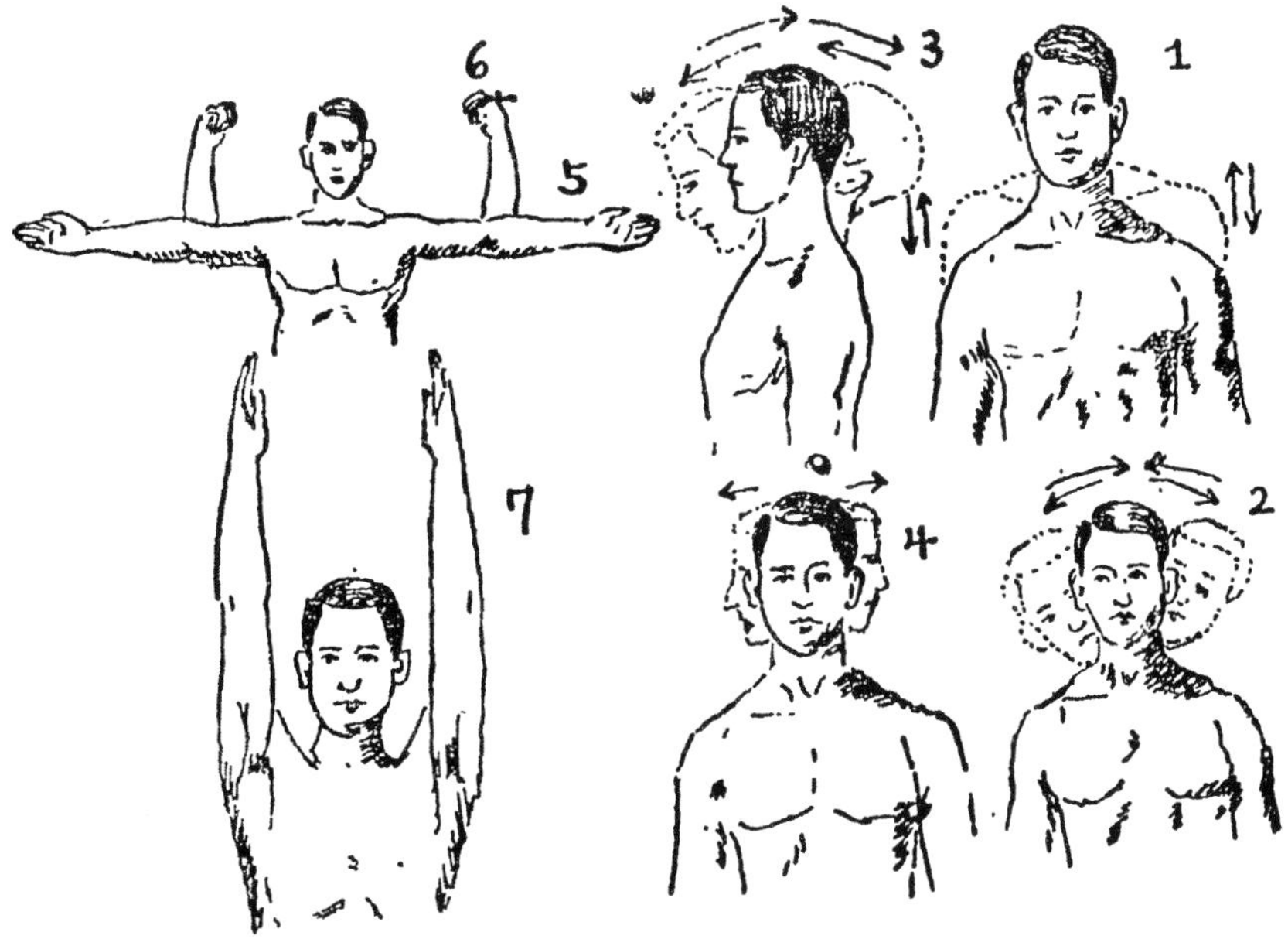

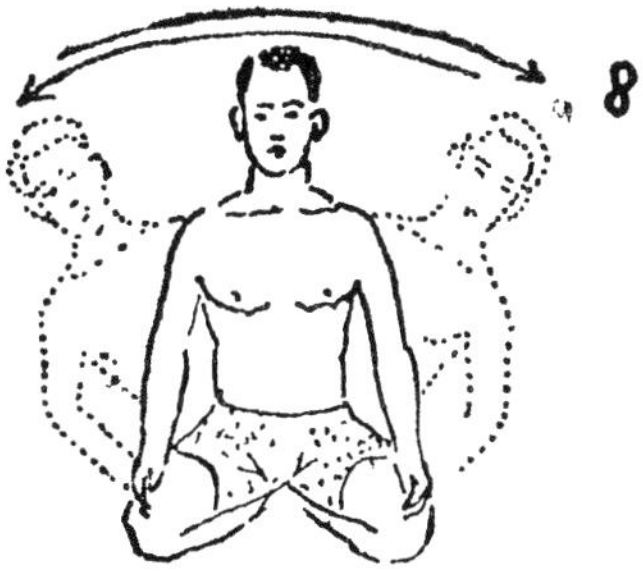

全身運動の方法

（1）両肩を同時に上下すること十回

（2）頭を右へ曲げ真直に起し次に左に曲げ又起す之を左右各十回

（3）頭を前に曲げ、起し次に後に曲げ起す之を前後各十回

（4）頭を右に回し正面に戻し次に左に回し又戻す各五回

（5）両腕を前に延し次に之を左右に開くこと五回

（6）拳を握り両腕を左右水平に延し之を直角に曲ること五回

（7）両腕を自然に垂し之を上に上げること五回

（8）上体を左右に曲げること各五回

第二 摩擦

前の通り正坐したまゝで上体を眞直ぐにして左右の手で横腹を押へ、其れを前方に押出すやうにして横腹を強く撫でるのであつて恰も腹を絞り出すやうな氣味にする。それが十數回もすれば次には左右の手で左右兩腋下から上方に向つて胸部全部を可なり強く兩手同時に撫で上げる、回數は十回から二十回靜かに繰返すのである。其處で愈々合掌に取りかゝる。合掌は第二號法の生命である。

第三 合掌法

兩手を合し、左右の手の中指、藥指、小指を互ひ違ひに組合はせて曲げ、左の食指こ右食指こは合せたまゝ前方へ延し、親指は又左右揃へて自然のまゝ食指の方向に延ばしておくのである。而して中指の直下、掌の上部の方に少しく力を加へ指先には力を入れないやうにする。

かうして合掌した手を胸の前方に上げ、一方呼吸は第一號式の方法通りにしてゐる。但し二號式に移つてからは一號式當時の如く強くせず、方法は同一であるが深さこ強さを緩和し、而して食指の尖端に注意を集中してゐるのである

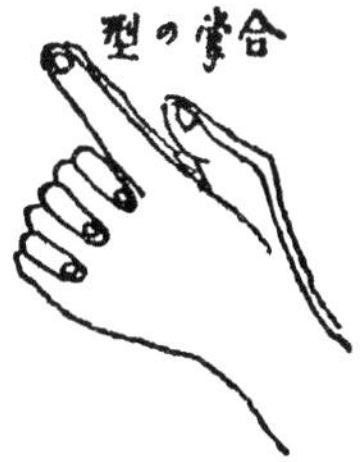

合掌の型

此の方式を實習してゐると自ら驚くべき特殊な効果が現はれて來る。それは如何なる効果であらうか。

◇合掌の特殊作用

一見何んでもない合掌であるが、其の内面的に起り來る作用は實に强大なるものがあり、彼の靈動狀態の先驅たる恍惚狀態構成上、ゆるかせに出來ぬ効果があり又治病術實施には偉大なる役割を演ずるものである

即ち合掌によつて体内に潛在する靈素（人によりては人体電氣、人体磁氣人体ラヂウム等とも稱してゐる）が俄然として長夜の眠りから目覺めて不思議な活動を開始するからであつて、各有機体の活動力によつて是等の特殊原素が刺戟を受けその機能を發輝し始めるのである、更に本術の合掌には不思議なる現象を起し來るものである。それは合掌自体が恐るべき微妙なる振動作用を起すここで、合掌作術を暫く繼續してゐると合掌自体が自然に振動し始める、大き

く強い振動を起し腕までも搖れる人もあるが、振動は寧ろ細微な程効果が大きいものでなければならぬ。振動が微細となるに從つて食指の指先は最初は温かくなり次には風の如くスウ〳〵と涼しい感じがして、終には指頭より一種の放射現象を起すに至るものである。之を疾病治療に應用して素晴しい實績を擧げてゐるのであるが是は後編に於て詳述する。

◇合掌の極致

合掌に起る振動は調整的人体動動の一種で、恐るべき細微振動は自然に起り來るものである。日數を重ねて練習してゐると振動は愈々微細となり終には合掌の振動といふやうな感じがなくなり恰も合掌全体が靈の塊りでゞもあるかのやうに、只すう〳〵と涼しい感じがするだけである。是れ即ち合掌の極致であつて、靈能發現の補助手段として、治病方法の直接手段として偉大なる奏効をもたらし得るものである。此の時暗室で食指の指頭を見れば淡紫色の光りがボッと放射されてゐるのが見える。

◇夢の如き恍惚狀態

本法式を毎日三十分乃至四十分間位づゝ一週間も練習すると、精神は爽快でやゝ朦朧として自分といふ意識が淡れ無念無想の境に近づいて來て、身体はふわ〳〵と空を行くが如く感ぜられる。之れがやがて來るべき恍惚狀態の門前である。

此の塲合に注意すべきは、色々な音響の聞えて來ることである。必ずしも常にさうとは定つておらぬが、先づ第一號式を四、五分間やり、次に第二號式に入つて呼吸を靜かにし、合掌に細微振動が起り、やがて心持が空に舞ひ上つた如く感じるやうになると、色々の音響が聞えて來て作術を邪魔される事がよくあるが、そんな塲合少しも意に介せず棄て丶おけば又何時の間にか消えて行くものである。決して是に心を奪はれたり焦りあわてるやうな事はしてはならぬ。

さて度々恍惚狀態といふが、一体恍惚狀態とはどんな狀態を指して言ふのか之を簡單に說明する。即ち恍惚狀態といふのは作術の効果が現はれて今や靈能活動が開始されやうとする直前に於て感じる心持である固くいへば現在意識が殆ど其の跡を絕ち、代りに第六感を基調とする別の潜在精神が取つて代つて活動しやうとする其の轉換時に於いて我々の感ずる心持である。然らば是れが實際的、主觀的では何んな感じであるかといふと、早い話しが睡眠に陷るときのやうな、淡く輕く、そうして愉快味の持つた心地よい氣分である。殆ど睡眠のやうであつて只だ一點潜在精神的方面の一種神秘的の部分だけが明瞭に起きてゐるのであるが、本人は其の鋭敏なる一部の覺醒といふことすら氣が付かず、只ふわ〳〵として雲の上を行くが如き淡く、そうして爽快なる氣分を夢現に感じるくらゐのものである。此の間の消息は實際實習してみれば良く判るが、言葉で表現するのは實に困難である。

(此處で今、第六感、或は潛在精神 Mental Possibility といふ言葉を用ひたが、吾人の言ふ靈素の活躍の事である。一般的に判り易いから假に潛在精神といふ語を使用しておく)

心靈の發動した場合には閉目の彼方に白き平たき光りを見、(次に言ふ白光場面)精神は恍惚狀態となるものである。扨て次に大切なる白光場面の出現を招來すべき緊要なる方法第三號式に移り進む。

第三號法式　觀念光線の應用

本法は閉目して見得る一種の光りを應用して吾人が常に言ふ所の白光場面を構成し深き恍惚狀態に入り、心靈の旺盛なる活動を誘起する最後の術法である一種明敏なる精神作用、即ち靈素の活潑なる活動を起し靈能發現をもたらす窮極の方法で、彼の第二號式の終末に於て、閉目の彼方に臨み得たる薄光場面をして更に一層の明瞭さを加へしむべき術法なのである。

此の方式を練習して白光場面が現はれ現在意識が微弱となり代りに一種の神秘的活動素質のみ明瞭に覺醒し始めるや、茲に忽然として我等の望んで止まぬ奇しき靈能が働き始めるのである。烈しい病苦を瞬時にして癒し多年の身体不随を數回の施術によつて全治せしめるやうな偉効は、正に斯る程度にまで發現されたる靈能の威力と恩惠によるものであつて驚嘆すべき靈力治療の實蹟は、全く本法式を修練し熟達したる上にて始めて實現し期待し得べきものである。

◇觀念光線の應用法

純粋強烈なる靈力發現には、靈素の盛んなる活動がその根源をなすものであるが、靈素を自由に充分に活動せしむるには自我意識即ち常に吾等の心鏡に去來する雜念を鎭め去らねばならない。言葉を代へて言へば無我の境の恍惚狀態に入らねばならぬ。されば此の雜念排除は非常に重要なる條件で、しかも非常に困難なる仕事である。雜念は雜草である。しかも有用なる植物を害する根强き雜草である肥料を施し種々手當を加へても、ともすれば衰へんとする稻を蹂躙して、己れ獨りはびこり太る雜草の如きものである。これ即ち吾人の心中にはびこり擴がる雜念なのである。

望む所の稻は思ふが如く成育せず、雜草は除去すれども繁殖するが如く、期待する靈能は容易に發現せず、却つて押へんとする雜念のみ跋扈するのと全く同理にして、先づ吾人は此の雜念を排除することに努めねばならぬ。所でたゞ漫然と雜念を排除しやうとしてもそれは所詮、不可能の問題である。しからば如何にして執拗なる此の雑念を鎮靜せしめ得べきか、それは本法式の觀念光線の應用に專注することによつてのみ實行可能となのである。

觀念光線とは閉目して猶且つ見得る光線であつて、更に詳言すれば、光線の襲來する所に於て刺戟を受けたる視覺の一部、網膜にその光、その形が印象せられたものが、其の光の既に消え失せたる後までも、先に印象付けられた光が殘存して、閉目しても尙且つ現れ見ゆる現象をいふのである。

扨て觀念光線を應用する方法とは如何するものであるか次に說明する。

◇第一次習練方法

此の方法を習練するには餘り光線の强く這入る所では具合がわるい。されば晝間ならば窓をカーテンで覆ひ光線をさへきり、夜間ならば電燈にカバーを掛けて光りを弱め、そうして此の光を背にして坐るのである。

而して用意しておいた白紙の中の黑圓をじつこ凝視するのである。此の時間は二三分間でよい。二三分間、黑圓を見詰めて、それから眼を塞げば其處に何が見えるであらうか、不思議にも今眼を開いて見てゐたこ同型の白圓が閉目の彼方に判然こ浮び居るを見るであらう。しかし此の白圓は暫時にして淡れ間もなく消え失せて了ふものである。閉目五分間の後に再び目を開いて黑圓を見つめること三分。更に閉目して觀念光線を見ること五分間、かやうに交互に開目、瞑目、して白圓を望む術法を繰返し約三十分間位實習するのである。

斯る修練を三日四日と反覆實習してゐると遂には明瞭に其の光り、其の形を出現し稍長い間、保ち得るに至るものである。今白紙の黑圓と言つたが、

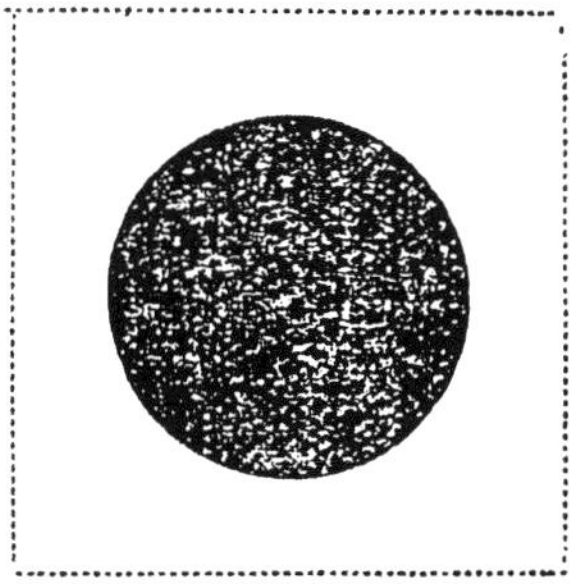

觀念光線應用の黑圓

それは白い厚紙即ち畫用紙のやうな紙上に直徑二寸位の黑き圓形を墨で描いたものを作り之を坐した前方一尺位の所において凝視するのである。

◇普通時に於ける閉目の彼方

右に述べた如く、本法練習を續けてゐると、閉目すれば白圓が靜かに明瞭に長く望み得るやうになるが、本法を少しも練習せざる時に吾人が眼を閉づれば果して閉目の彼方に於て如何なるものが見えるであらうか。白雲の如きもの、黑い煙のやうなもの、又中には黑色の棒、白色の線、薄紫の斜線等實に千種萬態の白色、紫色、黑色の圓や棒が相寄り相放れ明滅しながら流れ行くのを見るであらう、その千變萬化の有樣は、正に修羅の巷の如き亂狀を呈してゐる。之れが即ち凡俗狀態に於ける靈光線の狀態で、

何等統一もなく又力もない、いはゆる俗人の心、そのまゝの姿を表現してゐるのである。

然るに本法式を反覆練習して閉目の彼方に白圓を望むに至つて漸く此の亂狀を鎭め、場面を統一し、後には之等の亂雲黒煙は影をひそめておだやかなる場面となつて來るのである。

◇第二次習練法

第一次習練法によつて閉目の彼方に靜かな白圓を望むに至れば、次に第二次習練法に移るのである。今靜止したる圓光を專心注視してゐると不思議にも次第に光りが擴大されて來るもので、やがては閉目の彼方の場面一杯に擴がり、終には黒白の差もなく、光りの運動もなく、先に見た圓光さへもなく只白光の幕が極めて靜かにおろされてゐるのを見るばかりである。

白光場面の完成近し

されば斯うなるまでには順序もあり日數もかゝるもので、圓光を注視すれば直ちに右のやうな狀態が現はれるものではない先づ圓光を注視し始めると最初は光体が次第に擴大し、雜然たる黒雲、白線が次第に力を失ひて鎭まり來り、終には擴大し行く彼の圓光の中に渾然として溶け込み、須くにして閉目の彼方一杯の靜かなる光の幕となつて終ふものである。恰も輝く白雲を臨むが如く場面一杯に薄白く光つて來るものである。

是れこそ目ざす所の靈動狀態に入つた證左であつて、吾人の求めて止まなかつた、いはゆる白光場面の出現である。不可思議なる靈能の活躍は正に此の境地に至つて始め出現する窮極の舞台であり、靈能反映の奇しき光明のスクリーンなのである。

◇第三號式習練に於ける注意事項

先にも述べた如く此の觀念光線の應用にのみ熱中作術してゐれば、彼の雜念等は、いつの間かに綺麗さつぱりと拭ひ去られ、終には恍惚狀態に入り靈能は卒然として發現し來るものであるが、本法式の練習にとり掛る前にもやはり一號式を三四分間實行し、次に呼吸の强さを減じて合掌し、言葉をかへて言へば二號式を行ひ、然る後此の方式に移り全注意を閉目の彼方の白圓に集中するのである。

◇適當なる室及び時刻

本法式を修練するに當りても前にも述べた如く餘り光線の强からぬ部屋を適當さする。時刻としては靜寂なほど好適である。此の意味よりすれば萬象の深き眠りに陷りたる深夜の刻が最適であるが、されぱとて每夜深更に起き出ることは晝間職務を持つ一般の人には出來ない相談であるから先づ比較的靜かな室、及び時を撰べはよい。無論熟達の域に進めば時や場所は問題でなく白晝、多人數の中でも靈能を出し得るに至るが最初の間は少しく無理である。

感じつゝ果なき空に浮みゆくが如き心持になつて來る。而して次に恍惚狀態に入り、靈能の發動を見るに至るものである。

本法式の修練に入りて暫くすると精神は非常に曚朧となり、淡くなり、何かしら爽快さと溫かさとを

第四號法式　靈光線の應用法

前項で述べた三號式と結果に於ては同一で、靈動の舞台たる白光場面を作り出す方法たる事に於ては全く同じであるが、たゞ異る點は前者は黑圓を用ふるに反し本法式では其の代りに閉目して見ゆる靈光線を利用するのである。作術毎に黑圓を描きたる紙を用ゐなければならぬとすれば人前などでは甚だ具合が悪いのみならず又甚だ不便たるを免れない。

三號式にて稍習熟すれば今度は黑圓板などを棄てゝ、閉目の彼方に現はれる光線の一つを捕へて、其の後は三號式と同様に之を凝視し擴大し、白光場面にまで育て上げるのである。

先づ本法式を始める前に一號式を四五分間實行し次に二號式を四五分間實行し然る後に本法式に移るのであるが其の順序は次の通りである。

（一）一光体を捕へること

吾々が先づ眼を閉ぢて其の前方を見れば種々の黑白の圓や線が相錯綜して混沌たる狀態を呈してゐる

に於てしかも見得る光りを指して斯く稱したのである。

簡單に言へば、物理學的には光線の浸透しない眞黑暗に於ては何物も見えぬ筈なるに拘らず、暗黑世界を代へていへば靈光線中の一光体を捕捉するのである。玆に吾等が、靈光と名付けてゐるが之は極めてのを見るであらう。而して其の中で最も强く明るき一つの光体、卽ち光の塊を見付け出すのである。言

（二）捕へた一光体を凝視すること

捕へ得た此の一光体を今度は全注意力を以て凝視するのである。最初の間は凝視しやうとすれば次第に動いて何處にか消失せて了ふ。そうすれば又新に別の光りを捕へる、又逃げて了ふ、斯樣なことを再三繰返し、二日三日と練習を續けてゐると遂に捕へた光りは靜止し漸次に擴大し光の塲面が擴がつて來るものである。その擴大するに從つて雜然たる他の黑白は次第にうすれて終には全く此の光りの中に溶け込んで終ひ、塲面全体が薄白く光つて來る。是こそ吾等の目指す白光塲面、或は靈光塲面といふ不可思議なる境地であり奇しき光明の天地なのである。

◇斯くして靈能は吾人に發動す

白光場面が現はれるやうになれば吾人の精神狀態も既に變化して最早や雜念も自我意識も消へ去りて只夢の如く淡くして爽快なる輕い心持となり、其處には憂ひなく悲しみなく、又苦痛もない神の心となつて終ふものである。此の境地こそ体得者の天上にも昇つたやうな悅びを感ずる不可思議なる靈光場面であつて靈力治療に偉大なる奏効をもたらす所の靈は既に發現してゐるのである。

以上の如き結果は必然的に現はれて來るものであるから焦らず疑はず、毎日たとひ三十分間宛にても練習を繼續されたい。必ず到達し發現することは實習者自ら之を体驗し、自ら深く信ずるに至るものである。斯くして靈能が發動し始めれば之を病者に應用して素晴しい治病の實を擧げ得るのであるが、その方法は次編の施術實行秘法に於て詳細傳授することにする。

後編

第一編　靈力治病術秘法傳授

◇靈力治病術の基本的方法

前章まで述べ來つた方法を練習して、いよ〳〵白光場面が出現し、精神は恍惚狀態に入り心中自ら爽快壯嚴なる感じが湧き起り、腹力は充滿して雄大味が加り來れば既に超凡の靈力が發動してゐるのであるから、これを疾病治療上に應用して其の目覺しい作用をおこさせ、驚くべき効果をあげ得る事は當然である。既に醫師よりは見放され、たゞ死期のみが問題となつた大病人が奇しくも危い刹那に、風前の命を取りとめて漸次快復の緒につき遂に全く快癒したやうな奇蹟、頑固な病魔にとりつかれて最早や終生癒えぬものと、あきらめてゐた人が、はしなくも心靈治療によつて多年の宿痾が一掃され再生の悅びに湧躍せしめたやうな偉効、かやうな實蹟は心靈治療の實際的効果の上から見て決して珍らしい事ではなく、又稀なる例證として不思議がるほどの事でもないのである。たゞ作術の完全と、術者の熱誠と、被術者の信賴と此の三拍子が調子よく揃つた上の治療ならば一回二回と施術の回の重なるに從つて、必ず右の如く効果が現はれる事は必定なりと言つて過言ではない。是だけの効果の現はれるのが心靈治療の常態であつて、効果の少しも見えないといふ場合は寧ろ異例とすべきである。自分の實驗上から云つても作術が相當の深度まで進み、是に熱誠を加へて施術した數々の場合、その何れの結果においても全然効果の見えなかつたといふことは未だ曾つてなかつたと斷言しても憚からぬ。作術の程度により病者の心的狀態により、又疾病の種類によつて、その奏効の上に緩急遲速の差こそあるが、少しの効も奏しないといふことは事實上あり得べからざることである。

◇一般施術法

さて靈力を疾病治療に適するやうに導く方法、即ち施術の方法は、疾病の種類によつて、自から各々それに適するやり方を採らねばならないが、一般的にいへば何んな順序になしゆくか、即ち基本的方法を先づ最初に御傳へする。尙これについては、各論の最後にある一般治病法の項を參照して頂きたい。

（一）靈能發動作術　先づ病者の前方一尺乃至二尺くらゐの所に端坐瞑目し、第一號法から作術して順次第三號法にすゝみ腹力を充滿し、指頭の細微振動を誘起し、白光場面を構成し恍惚狀態に入る。普通十分間くらゐで此の狀態にすゝむ。此の方法は既に作術の項に於て詳細述べた通りである

（二）疾患透視　施術に取掛る前に、即ち第一の靈能發動作術に着手する以前に被術者の症狀を病者より聽きとり其の疾患部に對して次に述べる施術を行ふのが普通であるが、之と反對に病者には何事も語らしめず、術者の方か

ら疾病を透覺して之を感知し、機先を制して、貴方は何處が悪いと發表すれば一層治病効果を敏速になし得る効果がある

知らう筈もなき他人より自己の疾患部を指摘された場合には誰しも喫驚する。而して同時に術者の素晴しき能力に歸服し、絶對的信頼を寄するものであるが、此の信ずる力が被術者自らの精神を刺戟して心靈治療を一層有効、强烈なるものとなして思はぬ好果を納め得ることになるのである。

次に患部透視を行ひ病癢を感知し次に愈々施術に移るのであるが、此の患部透視といひ透覺といへども左程困難な事ではない。何となならば、何人も一つの疾患に苦しむ場合は其の事ばかりを考え思ひなやんでゐて病者の心の大半を占有してゐるから人心透覺の方法を以てすれば直ちに術者にはそれと感じ、病氣の所在が判るのである。而して之を發表すれば病者は安心し信頼し精神が統一され施術を完全に受け容るべき適當な狀態となつて來る

（三）施　術

A、合掌靈氣の放射　靈の塊りかとも思はれるやうな合掌の指先を、患部から約五寸ほどの距離に近づけ、更に下腹部に力をこめて專念一途に此の病ひの痍癒消滅を念ずるのである。此の時間は約十分間位を適當とする。又合掌の手を解きて一方の手の掌にて患部を靜かに撫でる方法を用ゐて却つて効果の

大なる場合もある。

微細なる振動を起した合掌の尖端よりは靈素の放射は相當强烈に行はれつゝある。此の方法は本院獨自の秘法であるが此の放射線を患部に通じると、自然に其の部分に强き刺戟を與へて患部の生活機能が旺盛となり、正調なる活動を起し、そのため病菌の勢力は弱められ、遂に元の壯健体に復歸するに至るのである。物理學的に又醫學的に本術の偉効を稱揚せられる所以は右の機能を發輝するからである。

B、靈通暗示　此の施術中に於て『本病は必ず治癒するものなり』といふ强い信念を暗々のうちに病者の精神に吹きこむことは、より有効にして大切なことである。一念强く此の强烈な信念を吹きこみ靈から靈に通じたる一大確信は、病者の精神中において第二次的不斷の心靈治療を行ふことになつて施術上非常に肝要緊喫なる一方法となるのである。

疾患透視を省略する場合は先づ病者かの症狀をよくたづね大体の疾患狀態を判然と知らねばならないこれは各論の所で詳しく説明してゐるが、先づ其の症狀を知つてこれに適する方法を用ゐねばならぬ。

患者の疾病が大体判つてから愈々作術にとりかゝるのであるが、更に準備の一つとして病者の心を平靜にしておくことが必要である。君の病はよく判つた、それで今から施術をするが、やがて必ず効果が現はれて病は間もなく治るから安心せよといふ意味で座談的に話して輕い信念をもたせ、同時に被術者をして慮心、平氣で心をかろく靜かにさせておくことも必要なる準備行爲の一つである。正坐し得る程度の病者であつて、しかも其の施術個所が腹部より上の場合は、坐らせて施術し、坐ることの出來ないものは無論床上に寢させたまゝ施術を行ふ。

第二編　各疾病に對する施術秘法傳授

第一章　神經系疾病に對する施術法

(一)神經衰弱症

原因　本病の原因は神經の過勞から來ることは誰しも熟知の通りであつて頭腦を使ふ仕事に毎日長時間沒頭して其の間に息ぬきをしなかつたならば大低此の病に犯されて了ふ。學生が幾旬の間、疲れた頭を以て無理に勉强を繼續しても、役所や銀行會社の人々が、終日日光も見ない事務所に閉ぢこもつて長時間過度の仕事に沒頭しても、遂に得る所は此の神經衰弱のみである。生活の不安、都會の喧騷、其の他日常絶え間なく襲ひ來る大小種々の不安や心配事等は何れも神經衰弱を起すべき直接の原因である。されば繁激多忙な生活をなし、而も喧ましい大都市に住む人の八割は正に此の病に犯されてゐるのである。

◇症狀　顏色は總じて蒼白になり、一見して病人らしく元氣がなくなり、而も何處か尖つた感じが伴つて來る。御飯は何時たべても不味く、消化不良に陷り精神はいつも焦々として怒りやすく、取るに足らぬ些事に對しても甚しく心を勞し、若し家が燒けたらどうしやう、若し日本が外國と戰端を開始したら何うなるだらう、などゝいらぬ問題をわざ〱持ち出して種々煩悶焦慮に惱んで見たり、疑心は愈々深められて人を恐れ嫌ひ、孤獨を喜び、記憶力、推理力等はめつきりと衰へて精氣がなくなり、失望落膽、意氣消沈し世界中において自分ほど不幸なものは又とないと思ひ込み、世事萬事が厭になる朝來れども樂しからず夜來れども安眠出來ず、遂に此の世を悲觀し、これが昂じては豫想もつかぬ思ひ切つたことをするに至るのである。

◇施術法　此の病に犯された人は先づ其の原因たる過重の仕事や勉强を一先づ中止し、ごた〱した俗事を輕く受けながして自然に親しみ、明朗新鮮なる日光空氣を浴びて克く運動し、それと共に奏効偉大な本靈力治療法を實行するのが最も有効な療法である。所が本病者に限つて其の仕事なり勉强なりを暫くでも中止するといふ思ひ切りが中々付かず中止しやうとしても中止した其のあとが氣になつて却々決斷に至らないものであるが、斯樣な場合には萬事を放擲する氣になつて斷然仕事をやめる事が肝要である。又家族の人も高所より徐々說得して少しばかり仕事が遲れたとて、それが何だ、學生時代の一年くらゐ棒に振つたとて生涯の長きに比すれば何でもない些事ではないか、と云ふやうに靜かに說いて納得せしめ、一時總ての束縛責任から解放してやることが必要である。

第一　に爲すべき事は杞憂悲觀を拭ひ去ることである。術者は自分の心中に、今までに經驗したもののうちで最も壯快で樂しかつた記憶を呼び起して之を麗かな氣持で追憶する。例へば航海中に見た大洋の日の出の如き壯嚴美麗なる情景、或は高山に登つて下界を見おろした時の壯絶雄大なる心持ち等を思ひ起しながら作術し、其の壯大雄渾の氣を、作術中、恍惚狀態の中で病者の胸中に吹き込むやうにするそうして明るい感じと强大の氣宇を被術者に移しゆくのである。此の施術を毎朝夕一回づゝ施して三四日もすれば既に幾分かその奏効の跡が見えて、幾らか病者の元氣が增し快活になり血色もよくなつて來るものである。

但し本病者は非常に反感心が强くなつてゐるから餘り直接正面から、くど〳〵しく說明がましいことを云つては却つて結果が良くない、寧ろ作術中に於て暗々のうちに吹き込む方はずつと有効である。なほ施術それ自体さへも出來ることなら病者の睡眠中、本人の知らない間に之を行ふ方が良いのである。

第二 は合掌を病者の胃部五寸くらゐの所に差出して作術し、胃に刺戟を與へ機能遲鈍となり消化力の衰頽した胃の活動力を復活せしめ病者の食慾を振興するのである。是が全身の力を盛り返す上に重大な關係がある。神經衰弱にかゝつた人は精神上から肉体を責めつけるのみならず、食慾を封鎖して大切な榮養補給の道を斷つ事になるから身体は益々弱められつゝある。されば腹を空らすといふ事は本病治療上忘れてはならぬ大切な仕事の一つである。殆ど運動中止の姿にある胃部をして、靈力の刺戟によつて盛んなる運動を起させ食慾を旺盛にして病者の元氣回復を助長することは想像以上速かで其の効果の大なる事は實驗者の等しく驚嘆する所のものである。

第三 には合掌の手を解いて片方の手の掌で病者の胸部腹部及び背中の皮膚を摩擦するのである。是には物理學的療法の意味も無論含まれてゐるが、術者の精神中に作り出された彼の强烈爽快なる氣分を靈より靈に傳へつゝ行ふ點において、只の摩擦とは其の効果に於て非常なる相違を發見し得るのである先づ胸の上の方から腹部にかけて撫で下げること十數回、背を撫で下げること十數回、最後に第二段法の項に說明した如く腹を絞るやうに力强い摩擦をゆつくりと數回やる。

右の如き各法を每日熱心に施術して一週間も經過すれば見違へるほど病は治療し元氣が恢復する。要するに神經衰弱症は、日光、水、空氣、摩擦等によつて皮膚を丈夫にし、爽快なる氣分を吹きこみ、精神の過敏憂鬱等を洗ひ流し、胃の活動を旺んにするやうに施術すれば難なく病を追ひ拂ひ、元の壯健に立返るものであつて、さして恐るべき病氣ではないのである。

自己治病を實行するには、先づ第一號式の腹式呼吸を修練して恍惚狀態に入り、雄大なる氣を養ひ腹力を充滿し、更に第二號法の摩擦を行つて汗をかき、腹をへらして身体を練り頭を空にする方法を每日二回乃至三回づゝ實行すれば必ず治病の實を擧げ得るものである。之に冷水摩擦と日光浴と運動を忘らざれば更に治療効果を迅速にする。

(二) ヒステリー

症狀　症狀は神經衰弱に彷彿たるものである。感情が激しやすくなり怒つたかと思ふと笑ふ、笑つたかと思へばすぐ深い物思ひに沈むと言つた工合で、少しも感情發露の上に統一性がない。凡ての事に取越苦勞をする、激しい悲觀に陷る、殊にその特徵とすべきは、猜疑心と嫉妬心が强くなつて人を信じない事である。只に人を疑ふのみならず、自分自ら取止もなく空想に描いた事を、如何にも眞實あつた事實の如く思ひ込み人を恨むやうな事さへも常に起る現象である。

◇原　因　此の病は主に婦人に取りつく病氣であつて婦人病に原因する場合が多いが、又單獨に心痛が募つて起る場合も少くない、中にも家庭上の問題に起因する場合が多く、たとへば極端に家族のものから壓迫せられて自由の天地の少しも見出し難いとき、或は夫の放縱を憂ひて激しく胸を痛めたとき或は又家計の不如意や家族の不和等のために悶々の情やる方ない場合等に犯される病氣であつて、一般に婦人は事を正直に且つ狹く考えすぎる結果、小さき胸に其の鬱憤は漸次堆積し、而も猶男子の如く人に當り物に當つて是を發散させることを遠慮し、從つて積りに積つた鬱憤は遂に其の吐け場がなく自ら身体內部に內攻しやがて本病を誘發することになるのである。

病の昂進するにつれて身体的異狀が益々深みに入り、最初のうちは感情の動搖くらゐに止つたものが次第に進んで神經衰弱や痙攣をおこし、眼はひきつり顏色はいよ〳〵蒼白さを加へ、遂に一見狂人の如き狀態を呈するに至るのである。

◇施術法　此の病の療法としては、やはり神經衰弱の場合とほゞ同樣である。さうして右にあげたやうな原因ならば其の原因を除くか、或は又全然除くことが困難なる場合は何とか方法を考えて多少とも緩和してゆかねばならぬ。もし又梅毒性や結核性の病菌によつて神經を犯され、ひいて本病を誘發したものなれば先づ其の根本たる梅毒や結核の治療から初めねばならぬ。しかし大低は先に述べたやうな家庭的事情よりして憂鬱に陷り次いで本病を惹き起す場合が多いのであるから右の原因を取除く事が

先決問題となつてくる。次に病者本人に向つてなすべき施術の

第一　はやはり精神上から始めるのである。先づ大海のやうな廣い心、何者をも呑み込んで了つて尙も餘猶ある大襟度、更に萬事を笑つて過せるやうな爽快新鮮な氣持を施術によつて吹きこみ、先づ精神の押し込められてゐた小袋を破つて大きな袋に入れ代へることが最も大切な方法である。

自分で治療しやうとするには、先づ修養的態度を以つて常に第一號法の腹力統一呼吸を行ひて偉大なる精神の獲得につとめ更に就床後さあ是から寢やうとする前に本法を習練するのである。床の中に仰向きに寢て手脚をのび〳〵と延ばし、寢たまゝ第一號法を行ひつゝ胸から腹部にかけて兩手を以つて左右同時に撫で下すのである。此方法を繼續してゐれば本病には附きものである所の取止めもない空想や妄念が自然に影をひそめ、何かしら麗らかな感じが油然として湧き起り淘然として睡氣を催し來るものである。斯うして輕い氣分のまゝ睡眠に陷ることが本病治療上何よりも望ましい事であつて、催眠藥などを用ひて眠つた時とは比較にならないほど後の結果が良好である

一体本病者には空想の襲來がつきもので、而も其空想たるや決して愉快な空想ではなく好んで悲しみと怒りの伴ふものを引張り出し連綿として次から次へ思ひを移し、自分みづから心を苦しめ、精神を亂し長夜夢うつゝの間に怒つたり悲しんだり心を千々に碎いて呻吟してゐるものである。かうして遂に病は膏肓に入り狂人化し思ひも寄らぬ憂目を見ることになるのである。されば爽快な睡眠が取れるやうになれば最早此病も消散近きにある前兆と見て安心すべきである。貴き此の睡眠は第一號法修行によつて

必ず得られるものである。本病に最も禁物なる刺戟性の強い茶、コーヒー等の飲物や又感情の動搖を誘ふやうな讀物等の避くべきは無論のことである。其他の施術は神經衰弱のそれと同様にすればよい。

(三) ヒポコンデリー　症狀

ヒポコンデリーは神經衰弱と異なるが一種の神經的の病氣であるから一言これも付け加へて置く。本病は實に變な病である。自分で分自の身体中に何か病がないかと搜し廻り病の發見に汲々として日もなほ足らぬといふ面白い變態精神を持つ病である。別段是と云つて惡い處もないのに鼻が何となく、くすぐつたいが蓄膿症が起つたのではないか、眼がチカ〳〵するがトラホームではなからうか、胸が少し重いやうだが肺病に取り付れたのではあるまいか、腹の調子が變だが盲腸炎にかゝつたのかもしれないなどと常に自分の体内隈なく病氣を、さがし廻つてゐる病氣である。かやうな人が一朝、本當の病氣に見舞はれたら其こそ大變な騷ぎを起して極度に神經をなやますものである。病を餘り重大視して恐れ敬ふものだから、病の方でも良い氣になつて出來る限りの横暴をほしいまゝにする。側の人から見れば實に笑止千萬であるが、本人は本氣なのである。

これは一種の強迫觀念の働きであつて、こんなにまで激しい程度のものでなく、日常の輕い事件に對して同種の變態精神をもつてゐる人は、まゝあることである。例へば何だか手先が氣持わるく思へて幾度洗つても氣が濟まないやうな人がある。これが即ちヒポコンデリーの特徴である。

◇施術法　本病は強迫觀念に襲はれて自分の確かりとした精神が、ぐらつくから起る一種の精神病であるから、本病の療法としては強い自我觀念を確立せしめて、彼の取りとめもない馬鹿らしい强迫觀念を追拂ふことである。

第一　施術者が先づ作術して第一號法より第三號法まで進み恍惚狀態に入り强く而も麗かな靈動狀態にまで進んだとき、偉大な思念、即ち正當にして强大な、確かりとした精神を被術者の靈へ吹き込むのである。お前は最早や何者にも迷はされず犯されない、お前の心は盤石の如く確かりとしてゐると云ふ强い暗示を與へることも又必要である。

病者自身で治療するには、やはり第一號法から順次習練しつゝ、彼の强い自信や雄大な心持を感得してゆけば必ず、このやうな隙だらけな、ぐらついた心は除去されて重く正しく落付いた氣持を持つやうになつて來る。そうなれば自然、馬鹿々々い本病なぞは全く蔭をひそめて終ふものである。若し施術者がよく靈動狀態に入つて强く感應せしめる事が出來るならば、本病などの治療は只の一回で充分である一回の施術で直ちに病者の心持が轉換してしつかりとして來る。たとひ餘程深入したものでも回數を重ねて施術すれば必ずきれいに癒り、あとで話して大笑ひをするくらゐのものである。此の種の病は生活に餘猶ある閑人や智的勤勞を仕事とする人に多く、勞働を仕事とする人や無頓着な人には殆ど見られない

(四)神經痛

症狀　神經痛の原因は今日の醫學上では未だよく判らないが要するに神經が痛み出す病である。神經は一体どういふ工合に出來てゐるかと言へば既に諸士の熟知の通り、其の基點は腦髓である。腦髓から出て脊骨の中を通つてゆく一本の太い神經がある。これから次第に枝が出て

まるで木の根のやうな工合になつて全身隈なく網を張つたやうに分布してゐるのである。但し頭部、胸部腹部に布設されたものは直接腦髄から出てゐて脊髄から出てゐるものではない。手や脚に行つたものは何れも皆脊髄から出てゐるのである。脊髄といふのは前に言つた脊骨の中を通る太い一本の神經であつて其の太さは細繩くらゐもある。この脊髄も時には腦髄の代理をつとめて命令を發することがある。夜中睡眠中に急に蚤などに刺されて痒ゆくなつたとき無意識に掻くのは脊髄の命令であつて腦髄は休んだまゝで少しも與り知らないのである。反射運動といふのは脊髄の命令で動く塲合を言ふのである。

神經の役目は歩哨兵即ち番兵のやうなものであつて身体全部の保全のために敵の襲來や味方の内輪揉などを常に見張し、少しでも異變の兆があると直ぐ中央上局たる腦に報告して其の命令を受け、これによつて敵を防いだり、内訌を取り鎮めたりして事の未前に之を防ぎ身体全部の保全につくすのが其の主なる役目である。即ち灼けた火箸に觸れるや否や直ちに熱いといふ感じを手の末梢神經が知り、中央線の脊髄を通つて腦髄に報告する。これを聞いた腦髄の方では棄てゝおけないから直ちに手を引けと命令を發する、今度は運動神經が此の命令を奉じて筋肉や腱に之を傳へ、茲に筋肉の運動を起して手を引かしめ、火傷を免れしめるのであるが其の間實に一瞬、其の傳達及び命令は眼にもとまらぬ早業である。是は外敵の襲來の塲合であるが、更に今一つの役目、即ち味方同志の内輪揉めを報告するといふのは何んな事であるかといへば其れは空腹や便通を報告したり、或は体内の變調を通知するが如き事であつて是も身体保全上なくて叶はぬ緊要事たるを失はぬ。神經は以上の如く身体保全上、實に大切な役目を持つものであるが其の番兵も時によつて病に犯されることがある。主として犯される所は肋骨附近のもの膝、腰、或ひは顔面に於いてゞある。即ち肋間神經痛、顔面神經痛等これである。非常に痛む場合もあるが大抵の場合は鈍痛で、何ともいへない厭な壓痛を感じて甚だ不愉快な痛み方をするのが普通である

◇施術法　此の病に對する施術法としては痛む所の神經の知覺を抑へることが何よりの療法である。肋間神經痛を治療する場合ならば、先づ病者を仰臥せしめ、閉目して氣分を靜かにし輕い呼吸をなさしめおき、次に施術者は作術を始め第一號式より順次に行つて恍惚狀態に入る。斯くして靈能が活動し始めたならば自分の合掌を、患部に殆ど觸れるばかりに近づけ、合掌の靈妙なる細微振動がはげしく活動を始めた頃を見計ひて患部即ち神經の痛む個所の周圍を徐かに殆どすれ〳〵に廻はしつゝ、作術し、同時に痛みの止まることを靈中深く念ずるのである。作術法は是れで充分である。形式は一見簡單のやうであるが此の間自然に行はれつゝある合掌の細微震動の偉効や、靈素の作用、靈動中に於ける鎭痛の思念等が、互に相寄り相助けて想像以上の作用を起し、立派に神經の痛みを去るものである。

心靈による治療の奏効迅速なるは神經其のものゝ自然の性質からである。自然の性質とは如何なるものであるか、其は神經作用なるものは心靈力の前には全く意氣地がなく、神經は靈に對して誠に柔順なる性質を有してゐるからである。されば本病治療には心靈利用をおいて他に優る療法が絶對にないと斷じても敢て過言ではない。靈の前には極めて柔順であるといふ事實は直ちに實驗する事が出來る。例へば燒いて熱くなつた火箸を前に置いて之は水の如く冷い火箸であると固く思念を凝して一氣にそれを握

つてみると案の定、少しも熱さを感じないものである。之は强烈な靈力を以て一時末梢神經の知覺作用を停止抑制する結果に依るもので別に不思議はないのである。

（五）一般鎭痛施術法

斯やうに知覺作用を抑へ弱める作用は、總ての鎭痛療法に應用して驚くばかりの効をもたらす事は否み難い事實である。頭痛、腹痛、齒痛乃至は負傷、腫物等の痛み、凡そ痛みといふ痛みは悉く其の部分の神經の知覺作用に基くものであるから、此の知覺作用さへ抑制すれば全然痛みを感じなくなるのは當然のことで、よく醫師は痛みを止める方法として、即ち知覺作用をおさへる方法としてコカイン、ホルマリン、モルヒネ等の藥物注射を用ゐるが之と全く同理である。然し藥品使用には副作用の伴ふ弊害は免れない。されば最近の醫術家の方針としては成るべく是れ等の藥品を用ひないことになつてゐる。

其處で斯る藥物を用ひて神經の痛みを止めるよりは、靈力發現法を習練して之をコカインの代りに用ひ其の目的を遂する方が遙かに敏速にして又副作用を伴はず結果が良好なのである。施術の補助的方法として其の患部を掌で摩擦することも一法である。更に便通を良くすることも神經痛療法には缺くべからざる緊要事であるから、腹部に施術して腸の蠕動を刺戟し便通を促す事も忘れてはならない。但し此の方法は後章の脚氣治療術の項で詳述することにする。更に本病に犯された場合には、唐がらし、わさび、しやうが、酒のやうな刺戟物は成るべく是を避け、長途の歩行や過激の運動をなさぬこと、冷風や冷氣をよけて患部を冷さぬこと等は普通一般の注意事項であるが、其等を注意しつゝ本施術を繼續すれば一層効果が顯著である。

(六)頭　痛　原因

頭痛を起す主なる原因は、腦に過量の血液が充滿して來ること、即ち充血と、いま一つは反映作用に依る場合とである。反映作用とは、身体の何處かに故障があつて其れが腦に反映して頭痛を起す場合をいふのである。此の種の頭痛は主として婦人に多く、月經異狀で腹部の調子が正調を失つたとき、それが腦に反映して頭痛を起したり、子宮病に苦しんでゐる人が常に頭痛になやむなどは其の例である。

◇施術法　反映作用の頭痛ならば、先づ原因をなす根元の疾病から治療して掛らねばならぬ。之に反じて充血から來た普通の頭痛ならば治療は簡單に行ふ事が出來る。先づ施術にかゝる準備として者病の心持を空にする即ち、(一)何事も執着して考ぇぬやう虛心淡懷にして頭を空にさせて終ふのである施術は病者と對坐して行ふ。最初は例の如く第一號式から作術して靈能狀態に入り、次に頭腦に充滿せる血液を腹部に下降させるやう施術する。それには血液の下降を念じつゝ手の指を三四本揃へ、耳の下の方から首のつけ根、肩の處まで徐々に何度も撫でおろす方法を繰り返すのである。次に人差指と母指を以て兩手で後頭部を挾むやう押し上げる。斯して暫く施術してゐれば被術者が遂に睡氣を催して來てうと〳〵と眠り出す。こうなれば既に頭痛の輕くなつた證據である。

(二)右の方法のみで敏速に効力の現はれない場合には他の方法をも加へなければならぬ。學生や思索を要する業務に携はる人等は長時間いつも頭腦に多量の血液を充滿させる習慣がつき根强い頭痛に犯されるものであるが斯んな塲合にはたゞ一回や二回前述の施術をしたからとて直ちに治癒するものではない。こんな時には前の如き方法を實行し、更に病者の腹部に對して强い摩擦と、やゝ深く作術したる激しい靈力の放射とを以つて是に加へ、腹部の血管を刺戟して其の部分の血管を開擴せしむる方法を採るのである。

發動しつゝある靈力を悉く腹部の血管に注ぎかけ、是に刺戟を與へ、同時に合掌の指頭より放散する人体ラヂウムを放射する。次に合掌の手を解いて腹部を可なり强く摩擦する。此の方法を繰返して腹部に種々の刺戟を與へ、血管を擴大させて多量の血液を此處に呼べば自然、頭腦の血液は下り來つて頭は空になり頭痛は何時の間にか綺麗に拭ひ去られて遂に常態に立歸る。本法を一回二三十分間位ゐづゝ一日に一回乃至二回の程度で、數回反覆施術すれば可なり根强い頭痛でも殆んど忘れたやうに全癒する。試驗勉强に苦しんでゐる學生などに此の施術をして時々腦の洗濯をすれば樂に勉强が出來て而も豫想以上の好成績を擧げ得るものである。

（七）頭腦明快法

頭腦の明快は處世上、何よりの武器であり寶である。頭腦明快法は疾病治療ではないが、繁劇な社會生活上この方法を施して頭を輕快にする事が如何に向上出世に必要なるかを思ひて特に此の一項を設けた次第である。今日の如く一般人の知識程度が高くなり、生存競爭の烈しくなつた現時の社會に於て、衆に拔んでゝ出世向上を爲さうとするには是非共明快なる頭腦を持つて快刀亂麻の働をしなくてはならない。其れには本施術を實行し明敏なる頭腦を作り上げる事は何より大切で諸事成功の第一條件とも云ふべきものである。本法を修練してゐると自分ながら驚く程の効果が示現し來り回を重ねるに從つて確かに頭腦は明快となり、總ての仕事は極めて樂に運ぶやうになり斯くして知らぬ間に同輩を壓して一頭角を現はし惹いては地位の向上を招來するに至るは必然である。

◇修練方法

（一）**身体摩擦**　兩脚を前方に延して坐し、先づ胸部より腹部へかけて兩手を以て左右同時に撫で降すこと十數回、次に兩股の外側内側を交互に十數回摩擦する。

但し此の場合は足先の方から大腿部の方向へ撫で上げ、決して腰の方から足先の方へしてはならぬ。

（二）**第一號及び第二號法の反復**　身体摩擦を數分間やつた後、第一號法を行つて腹部に强大なる力を生せしめ、次には第二號法中の腹部絞り出しの摩擦を行ふ。此の際の注意事項は二號法式説述の項參照のこと

（三）**血液の靈力降下**　かくして全身の内部及び外部に一種の熱と活氣の湧き起つたとき、今度は靈力を以て頭腦に滯溜する古き血液を一度全部降下せしめて頭を洗ひ代へるのである。血液を一時頭から引き降すと言つても頭腦に一滴の血液をも止めぬ無血狀態にするのではない。生理學上斯る事の不可能なるは言ふまでもないが、さういふ氣持を以つて出來る限り頭腦に溜つた血液を引降して終ふやうにするのである。

先づ頭腦に充滿する血液の一部に心眼を專注し、其れを思念と共に引き降す方法を行ふ。見えない靈の絆を以つて血液の一塊を縛つて之を引ずつて來るやうな心持でやる。あゝ血液は今、咽喉の所まで來た、早や咽喉を通つて胸に降りた、腹の所まで來た。とう〳〵脚の方まで流れ去つた。又頭の中の血液の一摑みを捕へて思念の力で脚部の方へ流れ去るやう十數回も同樣の方法を繰返すならば頭は不思議に輕くなつて何だか清々しい氣分になる。此の方法を行ふ姿勢は正坐するよりも脚を延しておくか、胡坐をかくか、脚を自由にした坐り方がよいのである。此の方法を毎朝洗面後十分か十五分間くらゐ行ひ、又夜分就寢前に實行することを怠らなかつたならば仕事は非常に氣持よく運び終日の疲勞を慰する上にも多大の効果のあるもので、殊に智的勤勞に從事する人や學生なぞには是非實行して貰ひたい。其の効果は既に試驗濟であるから敢へて勸むる次第である。一日や二日で廢することなく少くとも先づ十日間試みらるれば眞に其の偉効を認めるであらうことを斷言する。

一体頭腦の明快といふのは、記憶、聯想、推理、判斷等の諸作用と、是れ等が相聯合して働いてなす所の一般の思考作用が敏速にして、而も正確に出來得る場合を云ふので、其れは何によつて營まれるかと言へば無論、腦髓の不思議なる作用によつてゞあるが、更に詳しく云へば腦髓を構成してゐる灰白質の細胞分子の働である。而して其の細胞は血液のもたらす養分によつて養はれ、過量ならず、不足せず適度の養分の不斷に送られることが細胞の健全なる活動を促す唯一の源泉なのである。

右の如き理由によつて頭腦に來る血液の量を加減し、其の新鮮を保つことが、やがて頭腦の明快を招來する所以となり實際に於ても大腦の血行が多からず少からず適度の量を保つ時に於てのみ其の思考作用が最も完全に明快に行はれるものである。一般に勉強したり思考を廻らす場合には、血液が盛んに頭腦目がけて集中し來り、續いて行き過ぎの狀態となり過量となり、却つて頭腦の輕快なる働きが妨害せられる結果となるのが普通である。

常に頭を使ふ人には遂に此の充血が癖となり從つて、いはゆる頭痛持になる人が多い。其處で本法の下降法を用ふれば其の過量の分だけを引おろして大腦の活動に最も好適なる狀態を保たせる効力を生ずるのである。然しながら性來貧血の人は自ら別である。貧血の人には反對に頭腦に刺戟を與へて血液を集中せしめる方法を採る即ち頭を摩擦したり後頭部を輕く叩いたりして刺戟を與へ適量の補充を謀らねばならぬが、斯んな事は殆んど稀で是は寧ろ例外に屬するものである。思考にふける場合、如何に苦慮するとも良い考えが浮ばず、却つて益々紛糾するばかりで氣が焦り顏のほてつて來るのは正に血液過量の證據である。靜かに思考して少しも焦ることなく、すら〳〵と運ぶのは適度の血量を保つ證左である。長時間腦を使つた際には腦の血管が異狀に膨脹し多量の血液を包藏する。そうして容易に常態に復せず是が習慣となる時は遂に、倦怠、不眠、頭痛、耳鳴、記憶衰頽、不安悲觀等のいはゆる神經衰弱の症狀を呈する至るものである。斯樣な疾病は正しく頭腦の過勞と異狀の充血によつて起されるものであつて精神病の多くは此の病的異狀の充血から來る恐るべき結果なのである。頭腦明快法として更に次項以下の快眠法、膽力養成法も合せて實行せられたい。

（八）快眠法　不眠の場合などは特に氣を揉む、心が焦立つ、かくて焦れば焦るほど大腦中の血管が擴張され更に一段の充血を加へ、最早や半狂亂の如く喘ぎ苦しむものであるが、斯る際には總てを諦め、最早眠らうとはせず、朝まで起きる覺悟を定め、心を落着けて坐り直し、是非本法を實行して貰ひ度いのである。仕事の事も睡眠の事も少しも考へず、呑氣な心持となり本法だけに沒頭してゐれば必ず氣分が靜かに落付いてくる。それから床に入り靜かに朝まで只だ床中に橫たはるといふ氣持でゐれば何時しか寢付いてゐるものである。電車や汽車に乘ると快よい睡眠の催すのは、頭にある血液が其の振動によつて下方へ振りおとされるからである。腦中の充血を時々洗ひ流し頭を空にすることは頭腦明快法の最上方法であり頭腦保健の秘訣である。卑近なやうであるが是に越した上策は決して他に存在しないのである。實行によつて驗せられたい。

睡眠前の自己暗示　寢ながら第一號法をほんの少しばかり行ひ其の後で、いくらか睡氣の催して來たとき、今日の疲勞は、もう是で悉く洗ひ流されて終つた、頭は輕くなつた、明日は更に明快になつてゐる。と自分で確と信じつゝ睡眠に入る事も大切な方法の一つである。

（九）膽力強化法　次には膽力の養成である。頭腦明快と膽力とは一見何等の關係がないやうであるが實は非常に緊密なる關係を有するものである。膽力のすわらない人には常に不安恐怖の情が影の如く附きまとひ、此の恐怖の情は血液及び腦細胞に非常な惡影響を及ぼすこと前章情緒の作用の項に於て述べた通りであつて、不安恐怖を心に藏しつゝ明快なる頭腦の活動を望むことは生理上絶對に不可能なことである。其處で平常の仕事に携はる時に於ても、突發的の事件を處理する上に於ても、不安と恐怖の心が伴はず平然として思考なし得るやう、平素から習練しておくことが何より必要なる要件である。まさかの場合に處して快刀亂麻を斷つ明快な處斷は、不安や恐怖のために思考力を妨げられるやうな危い狀態にては決して出來る譯ではない。

平常無事泰平の場合には相當、頭の良い人が俄かに起つた難問題に遭へば、すつかり茫然として何の考へも出ず何等の策もなく、又方法も着かず徒らに焦慮するのを往々にして見受ける。又平常敎室に於ける成績は寧ろ上位に居る學生が一朝、進級試驗とか入學試驗とかの改つた席上に於ては俄かに低下し平常の力倆には似もつかぬ不成績をとつて失敗に終ることも往々ある。其れは果して如何なる譯であらうか、一言にしていへば膽力に缺くる所があるからである。試驗ならば答案さへ作れば其れでよい。それが仕事の全部である。所が實際大抵の人は全部以上の仕事をする、若し落第したらどうしやう、學友からは侮蔑せられる、問題はむつかしそうだ、とても自分には出來そうもないなど、先の事までも極めて陰慘に痛烈に考へる。斯うなればいはゆる惡情緒が盛んに活動して害毒を流すのと同樣の現象が起り大腦の血管は異狀の膨脹を起して過量血液の襲來に會ひ、記憶の再現も統一も又聯想も、總ての作用が閉塞せられて全く統制を失ひ、折角の勉强も水の泡に歸し、あはれ敗慘の憂目を見るに至るのである。膽力の小なる程此の弊害度が大であつて誠に氣の毒千万なことである。其の他一般の職業に携る人に於ても同様で少しく利害關係の大きい問題にぶつ突かると日頃の智慧は何處へやら、意氣消沈全く氣力を失ふ人がある、萬一損害に終つた場合を憂ひて悪情緒に責め虐まれて、正鵠なる判斷力を失ひ、見習小僧のやうな取引をして却つて眞實に損失をして終ふことも、よくある例である。膽力强化の作術方法に就ては次項に記す

（一〇）不安恐怖の一掃法

されば頭腦の明快法として、此種の智的活動を妨害する所の不安や恐怖等のいまはしい情緒を抑制することが又大切な一法なのである。仕事ならば仕事だけに最善の努力を傾注する。勉强なれば勉强だけに一心を傾ければそれでよい、或ひは大儀がつたり、恐れたり、其の結果に對する心配まで、先きの先まで要らざる煩悶に苦しむやうでは輕くすら〳〵と推理判斷を運ぶことは到底望み難いことである。其處で是れ等の取越苦勞や煩悶を伴はずに仕事や勉强ばかりに沒頭しやうとするには雄大なる心持、即ち膽力を養成することが何より必要で、それには第一號法を修練し殊に精神的方面に力を致さねばならぬ。若し本法の修練が蘊奥に達せば、彼の白刄の下に於ても猶ほ且つほゝえみ得るが如き武道の極意と其の意を一つにするもので何者にも恐れず驚かざる底の餘裕が出來るやうになるのである。さて此の方法は既に靈能出現方法修練の項に於て詳述したから此處では省略するが、つまり本法を修練して漸次佳境に入り、腹部には鐵石の如き確信と壯重さを感じ、精神的方面では或る種の力と信念が植付けられ、即ち我より偉大なるものは最早や此の宇宙間に存在しない、吾れ即ち宇宙の絶對者であるといふ崇高雄大な心持ちを感ずる様になれば占めたものである。斯様な心持は大き

すぎてとても普通人には困難なりと思ふのは、未だ手にせざるもの、誤つた想像に過ぎない。第一號式を好調子に修練して下腹には强大な力が漲り、額からは汗がにじみ、精神が爽快となり來つた際には實際雄大な氣が腹の底から湧き起つて、愉快になり、無頓着となり大抵の事は、何んだ是れ位の事はといふ輕い氣持で葬り去り、浮々した明るい屈託のない心持が必ず湧然として湧き上るものである。此の心持を一時的でなく永續させるやう日頃の修練を怠らなかつたならば、如何に平凡な人でも可なり大きな明るい氣分になり得るものである。平常から練習することをすゝめたいのであるが、試みに何か事の突發した其の時だけでも本法を實行し然る後、事の處斷に當れば其の結果の甚だ良かつたことに氣がつくであらう。試驗場に行つた際でも又或ひは俄かに難問題の突發した場合でも、いきなり其れに飛びついて不安を誘ひ心を亂すやうな損なやり方を避けて先づ斯やうな場合には其の問題を輕く受け流しておいて近よらず、心靜かに第一段法を數分間實行して、下腹部に張力を漲ぎらし、精神をしつかりと落着けて然る後、徐ろに問題を手にし、他人の身の上に起つた事のやうに平氣で處理にかゝるのである。こうして時間を費しても決して此れが爲め手遲れとはならないばかりでなく、却つて判斷が輕易に運び、早く處理が出來るものである。理窟は拔きにして只だ切に此の實行を勸めたいのである。

(二)腦膜炎

腦の中へ膿をもたせる黴菌、即ち化膿性連鎖狀球菌や葡萄狀球菌が侵入して化膿性炎症を起さしめた場合と、結核菌が這入つて腦膜炎を起させた場合と本病の原因には大体二つの種類がある。

◇施術法　（一）病菌撲滅施術を頭の外部より合掌の指頭を差向け强烈に行ふ。（二）血液の靈力降下施術を行ふ。此の方法は頭腦明快法の項に詳述した通りに行へばよい

第二章　呼吸器病の治療施術法

（三）感　冐

感冐は常におこる病氣であつて、感冐それ自身は何でもない輕症であるが、他の病に入る門戸であるから早く治すことが必要である。長引かせると肺や腹までも犯して厄介なことになつて來る。此の病は百中九十九までは皮膚の抵抗力の弱いことに原因してゐる、試みに夏度々海水浴をなし皮膚を鍛へた其の其の冬は、めつたに感冐などには犯されない。海水浴をやらないでも、平常日光に照らされてゐる人とか冷水浴をつゞけてゐる人、即ち皮膚の鍛錬をしてゐる人には來ない病である

◇施術法　此の病に對しては强大な靈力も別段の施術も不要である。昔から氣海丹田に力を充して治療した事蹟が傳へられてゐるが、それは第一號式の實行であつて、此れを少しく長時間やり、汗が出て腹が空いて來れば其れで充分である。但し咳の出る質の感冐ならば力を拔いて靜かに行ふ事だけは注意しなければならぬ。

平素から身体の抵抗力を養ひ置けば感冐などには犯されない、例ひ犯されても直ぐ癒るものである。寒い風にも吹かれ、日光にも照らされ、一方每日本法を練習してゐる人には、本病などは最早や問題にならないのである。

(一三)急性喉頭カタル　寒冷の空氣、喫煙、過度の發聲等から起り又痲疹、猩紅熱に伴つて起ることもある。喉頭が赤く腫れて痛み、聲が嗄れたり物を嚥むのに苦痛を伴ひ咳も熱も出るものである、小兒には牛乳の皮の如き義膜が出來るが此の際ヂフテリアでないか直ちに判斷しなければならぬ。

◇施術法　咽喉の外部から合掌の指頭を近づけて靈素放射をなすこと十五分間、之を一日三四回施術す、又塩水の吸入と芥子泥を咽喉の前方の皮膚に塗布することも有効である。

(一四)喘息症状　一度び發作が起れば、しはがれたやうな咳が絕えず出て止まらず息を吸ひ込むのは中々困難である。詰つた煙管のやうに空氣の通路が狹められてゐるから、呼吸の場合にぜいぜいといふ音を發するのもあり、ヒユーと笛を吹くやうなものもあつて、吸吸が思ふやうに出來ず、吸ふ息よりも吐く息の方が長く、体内には炭酸瓦斯が充滿し非常な苦痛の伴ふ厭な病氣である。

◇病原　我々が鼻から息を吸へば先づ咽喉を通つて氣管に入る。氣管から數多の枝が出て其の枝から又更に無數の枝が分れ、宛で木の根のやうになつてゐるのであるが其の一番さい枝の部分即ち細小氣管枝を通過して肺に達し、此處で呼吸本來の目的たる酸化作用を起し血液を淨化するのであるが、喘息は此の根の末端即ち細小氣管枝が痙攣を起したときや、氣管枝の內側の粘膜が腫れて空氣の通路をふさいだときに起るのである。今少し詳しく言へば我々の体內で無意識のうちに行はれてゐる運動即ち呼吸や心臟の鼓動などを、より强大に行はしめるものは交感神經で、之を抑制する役目を持つのが迷走神經である。之は平常よく調和を保つて行はれてゐるのであるが一朝呼吸系に於ける此の平均調節が破れて迷走神經の方が強くなると氣管を狹め痙攣を起さしめ呼吸を抑制困難に陷らしめる事になる。是が即ち喘息で氣管支喘息、子宮性、心臟性等色々あるが要するに神經調節の不平均に原因してゐるのである

◇施術法　**第一**　合掌の指先を胸部に持ち行き鎖骨より乳豆の所まで、左右交互に靈素の放射を行ふ、此の回數は徐々に行ひつゝ、左右各五回づゝ、更に合掌を解きて人差指と中指を揃へ稍々斜に傾け其の指頭を以て第一肋骨と第二肋骨との間を靜かに抑へる即ち指壓法を行ふ。

第二　次に背部、首より下約三四寸の所、脊椎の直ぐ兩側を同樣指頭を以て指壓法を行ふこと約十分更に病者の兩腕を高く擧上せしめ後方に轉回する運動を五六回なさしめる。之を一日數回づゝ每日繼續すれば遂には激しい發作をも消滅せしめることが出來る。

第三　精神を雄大明朗ならしめる作術をなす。本病は一種の神經的病患であるから、精神の平和が何よりの藥である。既に度々教示した精神安定法を是非實行せられたい。

猶注意事項としては、冷水摩擦を常に行ひ乾冷の空氣を避け、心勞を去り睡眠を充分にすること、發作時中は安靜にすること等は心得おくべき要件である。

(一五)肺炎

肺臟が腫れて肺炎を起し、氣管枝が腫れて氣管枝炎を起す、氣管技炎にはひどい咳が出るが、肺炎には强い咳は出ない。然し熱は肺炎の方が高く、三十九度乃至四十度の高熱が來る

氣管枝炎の方では三十八九度が普通である。熱が高くて脈が早くなり呼吸が苦しければ先づ肺炎と見なければならぬ。

此の療法として普通一般に行はれてゐる事は第一室内を暖くして冷たい空氣を入れないこと、頭を冷すこと、胸に濕布をすること、安靜にしてゐること、滋養物を攝ること等であるが、無論これ等は大切な療法の一つに相違ない。されば右の方法をも怠らず、更に以下述べる所の靈力療法を行へば、必ず速かに治病の實を擧げ得るものである。

◇施術法

一、肺部施術　喘息の場合に毛細氣管枝に施したと同じ方法を以つて肺部に施術する肺の患部に一途の靈力を集注して其炎症の平癒を念じる。肺炎を起した肺の組織は、其の微細の點まで腫れてゐて其處に炎症を起してゐるのであるから此の點に强い靈力を集中し、其の腫れがひき組織が常態に復するやう强烈な靈作用を起させる。此の時間は一回約十分間位ゐを適當とする。

同時に合掌の指頭を、患部の側近く接近せしめ人体ラヂウムの放射を行ふ。作術が深く這入つて烈しい靈動が發現し指頭の細微振動が佳境に達して一種の刺戟性光線を放射する所まで進んだ好適の狀態で施術を行ふならば一回の施術でも可なりの効を奏するものである。著者の實驗したものゝうち、急性肺炎で熱も四十度を下らず心臟が甚しく弱つて恐ろしい程早い脈をうち、食慾など全然なく殆ど無意識狀態に陷つた病人であつたが、僅か三回の施術で全く平癒せしめた一例がある。自分の靈動が大變好都合に發露したゝめか、病氣自身が劇烈なれど忽ちに癒る運命を持つてゐたゝめか、其の何れにしても或る事情でたゞ三回より施術が出來なかつたに拘らず其の施術後俄かに熱も下り脈も靜まり一週間でからりと全癒して終つたのであつた。一体急性のものは一時は劇烈であつても又其の治癒も速かなのが普通である、たゞ手遲れしない事が肝要である。放射施術は十分間位でよい。

二、心臓施術　本病に犯されて高熱がつゞくと先づ第一にやられる所は心臓である。心臓が弱められるといふ事は往々にして恐るべき結果をもたらす事になる、一体高熱の伴ふ病で倒れるのは大抵心臓痲痺でやられるのであるから、心臓の衰弱を防ぐことは大事な療法の一つである。是には心臓の鼓動が靜まり規則正しき働を營むやう專一の念力を振り注ぐ方法を採るのが何よりである。時間は約四五分間。

三、腹部施術　次に大切なる療法は腹部施術である。先づ胃の邊から下腹部にかけて、合掌の指頭を靜かに運ばせながら作術する。これを約四五分間も行へば今度は合掌の手を解き片方の掌で稍々力を入れて胃から腸にかけて極めて靜かに撫でおろすのである。これは二十回位でよい。そうすれば病者は腹部の苦痛を忘れ食慾を起すことは不思議のやうである。

即ち肺炎の療法には、醫藥も必要であらうが本術の實行は大いに有効である、先づ第一に炎症を起した患部組織に靈力を注入して其の組織活動の本復旺盛なるやう刺戟を加へる。第二には心臓の鎭靜を圖り正確なる機能に復歸せしむ。此の施術は心臓病の項參照のこと、第三には腹部刺戟によつて病者の食慾を促すことに努めるのである。此の方法を順次に行ひ、其の一回の施術時間を二十乃至三十分間とし而も術者の靈力が散漫薄弱でなく、良く恍惚狀態を保つことが出來たならば、其の効果は實に迅速であり偉大である。若し怠ることなく毎日の施術を完全につゞけたならば大抵の肺炎は一週間位ゐで全癒するものである。

(一六)肺結核

種々の病氣の中で最も恐れられてゐるのは實に此の肺結核である。しかし之は大なる誤解で、本病はたゞ守るべき事さへ守つて平然として氣を大きく保つてゐれば、必ず治る病氣である。然し照りもせず曇りも果てぬ陰慘な症狀が續くから厭になり、焦慮し之に恐怖心が加つて却つて病を長引かせるものである。肺結核よりも急劇で、すぐ人の命を奪つてゆく恐るべき病は他にいくらでもある。ペスト然りコレラ然りであるが而し是れ等の病は比較的あつさりとしたもので、俄に起つて直ぐ危篤にして終ふか、或は又直ぐ癒つて元の健康体に返すか、何れにしても話しが早く片付き、又其の數も少く時期も一時的であるが、肺結核に至つてはそうではなく、ぢり〳〵としつこく眞綿で首を絞めるやうな陰劍で姑息な性質を持つて長年月、人を苦しめ、癒るにしても進むにしても遲々として渉らず長い期間働く事も出來なければ愉快に遊ぶ事も出來ない。降りみ降らずみ不徹底極まる無意味な人生を作り出して人の世を毒してゐるものである。

◇症　狀　何だか頭が重くて何をしても氣がすゝまず倦怠を覺え、呼吸には多少の苦痛が伴ひ、輕い咳が出て寢汗をかく。熱は朝の內は低く夕方から定まつて三十七度五分から八度位ゐに上る。氣分は常に焦々として食慾は減退し、感情は常に動搖して性慾は幾分昂進の氣味である。かやうな狀態が續けば先づ肺病と思つて其の戰鬪準備にかゝらねばならぬ。

◇原　因　肺病は一種の病菌の作用である。コッホ博士によつて發見せられた結核菌が肺に取りつき肺の組織を糧食として喰ひ、巣として住ひ此處で盛んにあばれ廻り、遂に其の部分を腫脹させ、たゞらせ、終には大きな穴をうがつのである。肺が犯されると血液の淨化作用が阻害される、淨化されない古い血液で養はれゆく肉体は次第々々に衰へ初め、病菌の毒素と共に作用して顔色は蒼白となり、頬の肉はおち、肩の上には大きな陥沒が現はれ、全身は漸次にやせ衰へ、遂には不幸なる結果を招來するに至るものである。

◇傳染系統　然らば其んな厄介な病菌はどうして我々の肺に侵入して來るのであらうか。言葉を換へていへば肺病は何うして傳染するかといふことになるが、それは空中に無數に浮いてゐる病菌を我々の肺に吸ひ込むからである。肺病の人の吐いた痰が乾いて病菌が空中に舞ひ上り、多數の塵埃と一緒になつて我等の呼吸する空中に數限りなく浮いてゐる。殊に寄席や活動寫眞館、風呂屋等の空氣中には幾萬幾十萬とも知れぬ此の菌が浮游してゐるのである。それを空氣と一緒に吸ひ込み、若しもあいにく感冒にでも犯されてゐて肺や氣管支の炎症個所に附着すれば、病菌は俄かに勢を得て盛んに活動し蕃殖し初めることになる。其の他空氣傳染のみならず病人の食器や、寢具、或ひは圖書館の書物等も直接病人の唾などが觸れてゐるから危險である。これ等のものはよく消毒して手にするか、已むを得ぬ場合は觸れた後で其の手をよく洗はねばならぬ。

◇天與の良能　然しながら有難い事には、我々身体には自然良能といふ作用が與へられてゐて、若し病菌が体内に這入つて來たならば直ちに之を殺して終ふ働があるのである。さればたとひ病菌が侵入して來ても直ちに其れは殺されて終つて病を起す餘裕を與へない、從つて病菌を吸ひ込む人は多くても發病する人は案外少數で濟むのである。

さて此の有難い自然良能の作用は何ういふ人に最も強く持たれてゐるかといへば無論平素から健康で抵抗力の盛んな人に於てゞある。されば平素から体力を練り、本書の作術法を習練し、又適當なる分量の仕事や運動を怠らず、よく腹を空らせ、よく眠り、時には日光に照され冷水を浴びなどして身体全部の抵抗力を強め、更に精神力が旺盛であるならば決して本病などに犯される心配はない。本病の豫防法としては是に優る良法は他に決してないのである。

所で既に本病に犯された人は致方がないから今から病菌撲滅に努力しなければならぬ。但し本病は決して恐るべき病氣ではない。其の方法宜敷を得れば必ず全治すべき事を確信して貰ひたい。病菌に犯されて穴があいても其處で病菌を殺して終へば、穴は穴のまゝ固まつて、もうそれ以上は進行せず無論身体の生活機能も元に復し病前の壯健体に立返るのである。獨逸の或る學者が諸種の病で死んだ人を解剖して其の肺臟を檢してみた所、百人中九十八人まで一度は此の結核菌に犯されて小さい穴を開けられ其れが又自然に治癒して穴のまゝ固つてゐる事を發見した。恐らく此の世の中で一度も本病に犯された事がないと云ふ人は殆どないと言つても過言ではないのである。たゞ身体を損ふまで進むか、本人さへ氣づかぬ内に止まつて終ふかの差別があるだけである。

自然に止まらぬときは、自然に止め得る良能の力を人工的に旺盛にして病の進行を止めるまでのことである。決して悲観は無用である。平氣で否平氣以上樂觀した氣分で、次に說く方法を實行したならば必ず癒ることは寧ろ請合ひ度いくらゐである。只だ短兵急に腹痛を治す位ゐの氣で居ては、ちと無理であるが、ゆつくりと構へて一ケ月二ケ月と本術を繼續してゐれば漸次に病勢は衰へ、遂に本復するに至ることは疑ひなき事實である。

◇施術法　一、患部施術　先づ患部即ち浸潤を起した個所に合掌の指先を向け例の如く作術し靈能狀態に入り、病菌の撲滅を念じ、次に其の患部の組織に靈力刺戟を與へて其の機能を盛んにする。時間は普通十五分間程でよい。此の方法は不思議に思はれるくらゐの效果をもたらすもので、本法を一週間も毎日二回づゝ行ひ其の病者に現はれた結果を檢すれば、必ず見違へるばかりに病者の元氣の盛り返されてゐる事を發見するであらう。新發見と銘打つた藥物でも、肺組織を害せずして唯だ病菌だけを殺す作用をもつた良いものは未だ發見せられておらぬ。今世間に在るところの肺病特效藥といのは、先に述べた自然良能作用を助長する役目をなすもので、無論效果はあるであらうが、やはり間接射擊であつて直接ではない。直接攻擊は獨り心靈治療のみの行ひ得る特權である。病菌直接の撲滅能力は心靈力をおいて他に何物も存せずと言つても敢て過言ではないのである。

本術を應用して他人の病を治するには右の方法を以つてするのだが、病者自身で自己治療をなさんとするならば、先づ本術を体得して自分自ら靈能狀態に入り、先にあけた心持を以つて病菌及び組織に對し自分の胸部に専念の靈力を注ぐやうにするのである。但し虚能狀態に入る前の呼吸などは決して强くしてはならない。靜かに徐々に而も冷い空氣の來ない室内でなすことは吳々も注意しなくてはならぬ。

二、精神施術　夫には病者の精神上に施術するのである。本病快癒になくて叶はぬ必要條件は精神の爽快といふ事である。爽快な張のある精神をもつて悲觀的心情を拂ひ除けることは、本病にとつて藥よりも有効なる重大要件である。精神の爽快といふ事は、腹痛や感冒等の治療上にも勿論よき結果を與へるものであるが、本病に對する効果の大きさは到底同日の論ではない。肺病に犯された、血を吐いたもうお仕舞だと失望落膽、悲觀の淵に沈淪する時こそ病菌の得意絶頂の時代である。『さあ、しまつた』は病氣進行の出發合圖である。心ある人々は夢にも斯る合圖をしてはならぬ、決してこんな弱味を見せてはならない。周章する必要は少しもない悠揚迫らず悠つくりと方法をとつて行けば必ず癒るものである而し一度本病に犯されると先づ健全なる精神が衰へ鈍つて大變神經質の人にされて終ふもので平素快活なりし人が、俄かに其の性格が變り、憂鬱な人間になつて終ふが是もやはり病菌の致す所であつて、大抵の人は悲觀的神經過敏に陷り、一寸した事にも怒り悲しみ且つ恐れ、又一方では性慾も盛んになり、痛く物事に感傷的になるものである。

斯樣な弱い精神狀態は病菌跋扈のためには此上もない好適の環境を作り與へるものである事を忘れてはならない。是に引きかへ、雄渾、壯大、爽快な心を持たれる事は、病菌にとつては堪らない苦手なのである。何となれば斯やうな壯快雄渾な心で刺戟せられた肉体には、活氣と生氣が湧き起り多量の白血珠をもつて病菌を片端から喰殺して終ふからである。

其處で施術法としては彼の靈能出現法修行に依つて得た强力壯嚴なる心狀をそのまゝ、强い靈能の力を以つて病者の靈中に吹き込む方法を執るのである。即ち作術中、恍惚狀態のまゝ、彼の麗かにして壯嚴なる心持を其のまゝ靈から靈へ吹き込むのであるが施術時間は約十分間で充分である。此の方法は既に前に詳しく述べておいたから玆では省略する。

自己施術の塲合は彼の第一號法の修練によつて自然に病に打ち勝つ底の雄大なる心が湧き起つて來るから、是さへ修練してゐれば自然此の目的に叶ふことになる。但し前にも言つた如く、極めて靜かに、極めて徐々に作術するやう注意されたい。

三、腹部施術　第一號中の精神的方面は暫く措き、此處ではたゞ機械的に腹力統一法にのみに意を注いで實行するのである。これを約十分間も反復し次に、第二號法の腹部摩擦を應用して兩側から腹を絞り出す、これが約十回、次には胃部から下腹に向つて稍々力を入れて撫で下げる。これも約十回、是で全施術が終ることになる、最初の患部施術からこゝまで來るには早くて三十分、遲くて四十分間を要する譯である。但し此の第三法は重症の病者ならば極めて靜かにしなくてはならぬが第一期第二期位の患者ならば可なり力を入れて施行して一向差支へはない。

以上の方法を每日反復施術してゐれば果して何んな結果が招來せられるであうか、先づ第一にあれ程恐れた病氣を左程氣にせぬやうになり從つて心持も延んびりとして落付が出來、最初のやうに焦々と感情の動搖も起らず、次には今迄見るさへ厭であつた御飯も次第に美味しくなり身体の目方も減切と增へ半月一ケ月と斯ふ言ふ調子で進めば最早や占めたもので全快の期も旣に遠くはないのである。此の施術を輕い氣持で回數を重ねて行ひゆけば大抵の肺病は必ず全癒するに至るものである。

◇療養に金は不要なり　由來本病に對する療養法には少からず誤謬がある。さあ肺病に犯されからと云つて、温室の草花のやうに、隙間漏る風もいかぬ。安靜が第一だ、立つてもいけない歩いてもいけないとて藥をむやみに飮み、高價な滋養物をやたらに攝るといふ有樣で戰々兢々として恰も腫物にでも觸るやうな事をしてゐる人があるが、是では先づ精神から參つて終ひ、病氣は却つて時を得顏に進行を始める。それでは本當の療養とは言はれない。無論冷氣を吸つたり烈しい運動をしたりしてはいけないがそういふことは豫め頭に入れておいて、一々神經を尖らせないやうにすることである。

本病に對する食餌療法は大切な事に違ひない。然しながら、欲しくない見るのも厭だと思ふ時に、幾ら滋養物を注ぎ込んでも其れは全く無益である。金目を厭はず高價な滋養物を求め、欲しくもないのに無理に食べた所が、それによつて得る所のものは胃腸の衰弱くらゐなものであつて、滋養の本質は病人を養ふ上に何の助けもせず徒らに体外に排出せられ去るのみである。其處で第三法を毎日缺かさず實修してゐれば本當に腹が空るやうになつて來る。腹が空れば何を喰べても美味しい。即ち滋養攝取が盛んになる。そうなれば自然身体は肥つて血液の量が增して來る。斯うして病は遂に癒えるのである、而して決して金を掛ける必要もないのである。

（一七）肋膜炎　原因　此の病氣は感冒や肺炎、心臟病から誘發せらるゝ場合が多く、肺の外側を包む膜に例の結核菌がくつゝいて其處で惡戯を始め本症を起すものである。此の外に外傷の爲めに起すこともあるが是れは無論病菌の作用ではない。

◇症　狀　本病に罹れば最初は大抵の場合寒氣がして熱が出る。熱と云つてもチブスの時の樣に上つた切りの一定不動の熱ではなく最高三十八度から九度くらゐの熱がさしひきする。咳はつきもので頻りに出るが其の時胸に痛みを感じる。稍々進んでは呼吸する毎に胸が痛み脈が多くなり、小便の量が少くなり食慾が減退する。肋膜炎の種類には大別して乾性と濕性との二種類があり、濕性の方は胸部に水が溜り、時には膿のたまる場合もある。是は外科的手術を以つて取らねばならぬから厄介であるが、何れにしても本病は必ず癒る病氣であるから心配は一切無用である。

◇施術法　先づ安靜にしてゐなければならない。次に食慾を衰へさせぬやう努力する。大体の治療法は前項の肺結核の場合の通りにする。但し本病では更に腎臟に合掌の指頭を向けて是に靈力を注ぎ腎臟の機能を盛んにする施術法を付け加へなければならぬ。多量の水が溜つた場合は是を外科手術で取ることも必要である。

第三章　血行器病の治療法

（一八）心臟病　心臟は生存上一分間も休止してはならぬ大切な機關であるが、さて心臟病には左記の如き種類がある。即ち瓣膜の萎縮する場合、肥厚する場合、厚い外壁の薄弱になつた時、又心臟を動かす神經に故障を生じた場合等種々あるが其の症狀は大体次の通りである。

◇症　狀　立ち上ると何時もふらくしたり、少しく急いで歩くと動悸が激しくなつて苦しみ、又脚にむくみが來て顏色が蒼く、僅かな刺戟で直ちに脈の速くなるやうな人は先づ心臟病患者と見なければならぬ。

療法としては薄くなつた膜を、丈夫にし、瓣を故障なく働かしめ、運轉係りの神經を平調に導きさへすればよいので換言すれば心臟各部をして自然の姿に復歸せしめ其の機能を平常化すればよいのである

◇施術法　(一)患部施術　1、左乳下の心臟部に向つて靈能狀態に入りたる合掌を病者の身体四五寸の所まで持ち行きて指頭を差し向け、心臟壁、瓣、其他各室といふやうに順次其の姿を胸中に見て合掌の指頭を移動させつ、靈素放射の施術を行ふ。此の間約十分

2、次に例の如く各組織に強き靈力を送るのであるが此の際、合掌の手を解いて病者の手を握り脈膊に合せて一二三と强い念力を注ぐことも有効である。

(二)精神施術　心臟病者には驚いたり心勞したり悲しんだりして神經を昂奮させることは絕對禁物である。心臟病者が人の死を聞いて驚き頓死した例や、事業に失敗して悲嘆の餘り急死した等の例は無數にある。されば病者の神經を强大にし過敏昂奮を防ぐ施術が是非必要である。即ち最初の患部施術に於いて心臟組織の丈夫を念ずる施術をなし、次には病者の精神中に、大きな心持と爽快な氣分を吹き込み

移す施術を行ふ。此の際先づ自分の心中に、最早や何事が起つても絶對に驚かないといふ固い信念を作り上げ、此の確信を其のまゝ病者の心中に吹き込むのである。猶ほ神經を丈夫にする方法は神經衰弱療法の項に述べた施術法を利用せられたい。若し術者の靈能が强大であり施術回數が多ければ宛で性格が一變したかの如く病者の氣分が落付き、物に動じなくなるものである。

◇心臟の神經過敏　一体心臟ほど神經過敏なものはない。怒れば急に血管が縮少して血液の輸送量を減じ顏が眞蒼になる。恥しいと思へば其の瞬間に多量の血液が送り出されて耳の根まで赤くなる。しまつたと思ふと忽ち激しい動悸が打つ。その他酒を飮んでも俄かに立つても駈けても湯に這入つても必ず心臟の鼓動は直ぐに烈しくなつて來る。斯やうに忽ちにして反響し其の活動に異常を呈するのは心臟の特性とも云ふべきものである。されば成るべく急激な變化を起させないやうにすることが心臟保全の最大要件である。若し常にかゝる急激な變化や異狀の活動を起させてゐれば必ず遂に本病に犯されるのは當然で、酒飮みや怒りつぽい人が此の病を起して生命を失ふ數は實に莫大なものである。

斯く神經過敏であるが故に、高熱の續く病氣にはく心臟痲痺を起して倒れることがある。熱が高いと脈膊は早くなる。若し此の狀態が長くつゞけば先づ心臟がやられて終ふ。されば熱病看護に最も必要なのは心臟を弱らせない事である。其の爲めには成るべく安靜にさせて冷して冷し拔くことを注意しつゝ本術を施してゐれば先づ安全と言はねばならぬ。

(一九)動脈硬化症

人間の動脈は中年以後になると漸次硬くなり脆くなり行くものであるが特

に黴毒と酒と過勞を加へれば急速度に進行し遂に腦溢血(卒中)を來して即死する素因を作る病氣である

◇施術法　(一)散血法の實行　全身の血行を平調ならしむる一方、頭腦の充血を防ぐやう頭痛の項に於ける散血法の實施を繰返し行ふ。

(二)合掌摩擦　患者を仰臥せしめ術者は合掌し細微振動が起れば此の手を解きて一方の掌にて全身を摩擦する。此の方法は手は手首より腕の方へ、脚は足首より股の方へ、腹は上方へ、首は下の方へ即ち心臟を中心として其の方向へ撫でるのである。兩腕を摩擦した後は合掌して振動を起させ次は脚に施術を行ひ再び合掌し振動誘起後又、腹を行ふといふやうに時々合掌して振動を起させて後施術する方法を用ひる。因に血壓は自己の年齡に九十又は百を加へたるものを以つて正常とする。本病を起したならば、過度の肉体及精神勞働を避け野菜食を主とし頭部に充血すること等は避けねばならぬ。

(二〇)壞　血　液

全身倦怠を覺え、心悸亢進し、齒齦が赤く腫れ、齒が浮き血が出る、体溫は普通昇らない。内臟出血を起して生命を失ふ事もあるから直ちに施術せねばならぬ。

◇施術法　心臟及胃腸に信念を送り活力を旺盛ならしめ同樣に合掌の指頭を心臟に、次に胃腸に指し向けて其の活動を旺盛にする。然らば空腹を感じ消化良好となり、本病に是非必要なる補血作用を完了し病は必ず癒える。尚野菜食、特にレモン、オレンヂを食する事を勸める。

(二一)脚　氣　症狀

脚氣の起る原因は、貯藏不完全な白米に出來る黴の故爲だと云ひ或はビイタミンBの不足から起るとも言はれてゐるが醫學上の原因はまだよく判らないらしいが其の症状は浮腫の來るものと、しびれの來るものと二種類あることは既に誰しも知つてゐる通りである。本病に犯されると手足が冷へて倦く、心悸亢進して、歩行困難となり屢々頭痛、眩暈が起り大小便とも其の量を減じる。其れが進むと、たゞに手脚ばかりでなく腹から遂に上体全部に浮腫が來る。しびれる方でも手脚から次第に上体に上り遂に口唇まで痺れが來て其の知覺が鈍り顔色も蒼白となる。若し彼の神經過敏な心臓に此の痺れが行けば所謂脚氣衝心で此の世の終りとなつて了ふのである。

◇治療法

（一）神經施術　脚氣病を癒さうとするには先づ神經施術が何より大切である。病者を仰向きに靜かに寢させておいて其の側に坐し、例の如く作術して恍惚状態に入り、前に述べた神經系に施術した方法通りに行つて腹部の神經が活力旺盛となり強き抵抗力が生じるやう靈力を放射し、其れと共に指を五本とも延し其の指先で靜かな摩擦法を行ふのである。腹部施術を約十分間もやれば今度は脚部に移る、病者の揃へて延した脚を同様に極めて靜かに撫で下げつゝ、一途に神經の異状を除き元氣つくやう思念の力を以つて刺戟を與へる。此の方法は約二十分間もすればよい。此の方法を反復してゐれば脚氣病の本体たる末梢神經に於ける變性的炎症は漸次治癒し來り遂に本病を快癒せしめることになるのである。

（二）心臓施術　次に心臓に施術して、其の働きが正確鎭靜に歸するやう思念し其の昂奮を防ぐやう術法を行ふのである。此の方法は前項の心臓病施術の所に詳述してゐるから參考せられたい。

（三）腸部施術　次には腸に向つて壓力を集中して腸の蠕動と排泄物の進行を念じながら稍々力を入れて腹部を上の方からゆるやかに、次第々々に下方に向つて押へながら進む法を採るのである。此の施術が効を奏した場合には必ず施術を受けつゝある病者に便意が催して來る。そうなれば靜かに起して排便せしめ、其れで一先づ施術を打ち切り一段落とし、次回には又第一法から始めるのである。此の施術の一回量は約十分間位を可とす。

此の便通を良くすることは脚氣治療に多大の効果のあるもので、彼の糠が脚氣に利くといふのも實は糠が腸の蠕動性を刺戟して便通を助けると共に糠に含む植物性脂肪が下痢を誘起して便通を良くする作用を爲すからである。又小豆が妙藥と言はれる理由も小豆には催便の効があり且つ滋養分も多分に含まれて米食代用の役目を勤めるからである。其の他、半搗米や麥飯を食し、酒煙草等を禁じ胃腸を大切にし生水を飲用し過度の運動を避けることなどに注意しつゝ此の施術を毎日反復繼續しておれば敢て轉地の要もなく大抵の脚氣は其のまゝ全癒するものである。

第四章　消化器疾病の施術法

（一）慢性胃腸カタル

症狀　胃部が時々しく〳〵痛み、少しく物を喰べても胃が張つて心持がわるく厭な壓痛を感じ、便痛は常に不規則で身体全部にはいつも倦怠を覺え、今日は氣持が良いと言ふ日がない。一般に胃病といふのは本病の事である。胃は我々を養ふ所の大切な營養分を攝る第一の關門であるから、是れに異狀があつては身体全部に衰弱を來すは當然の事である。

◇**施術法**　先づ第一號法の自習、次には適當なる運動を怠らされば間もなく効果が現はれて何時の間にか自然に治癒して了ふものである。本病には藥品などは不要である。ヂヤスターゼを持つ代りにラケツトやステツキを持ち、重曹を飲む代りに空氣を吸へば澤山である。要は藥のみに親しむ事を止めて運動及び第一號法の實習を勸めたいのである。消化劑で消化を助けるやうな迂遠で微弱な方法よりも戸外に飛び出して大手を振つて運動し、日光に照らされて血行を盛んにし腹を減らせた方は幾ら根本的で有効な療法だか知れない。又一號法をやつて腹力統一を促し爽快で力の漲つた吸呼法を反復してゐれば心地よく腹が減り胃腸などは間もなく何處かにか逃げ去りて朗らな健康を取り戻すは必定である。

第一號法實習の終りに腹部全体を両手で摩擦する事も大いに有効である。我等の身体内に保有する血液の大部分は腹部に停滯してゐるのであるから腹部を摩擦して刺戟を與へ是等の多量の血液を盛んに運行せしめるならば自然胃腸の機能も旺盛となつて消化力も強くなる。所が一度胃腸病に犯されると誰しも意氣地なき無性者と化し運動其他、快活壯絶な事は甚だ億劫がり、ならう事なら寢そべつて暮したい氣になるものであるが、此處は一番勇を鼓して決斷し實行すれば須臾にして病を退散せしめ得る物である

(三)急性胃カタル

餘り熱い物を食べたり暴飲暴食をしたり中毒性のものを食した場合などに起る一種の胃病であつて、腹が痛み吐き氣がつき、眩暈が來て急劇に苦しむもので、俗に食當りといふのは是である。

◇**療法**　斯る場合には先つ食べたものを全部吐き出して胃を空にするのが第一の急務である。

指を喉に突込めば直ぐ吐いて了ふ。それから腸に作術して便通を促進し下へも早く出して了ふのである次には吐いて空になつた胃に、合掌靈素放射の施術をして胃の活力を刺戟し、胃部の神經機能に念力を注いで痛みを止める。本病などは急劇に來る代りに又忽ちにして平癒する。早く施術すれば大なる苦痛なき裡に快癒せしむる事が出來るものである。

(三四)胃　痙　道中する女が山道などで俄かに胸を押へて苦悶を始め、連の男が喫驚して背中を押へ、印籠から藥を取出して周章て、飲ませるやうな場面が、よく芝居などにあるがあれはいはゆる癪が詰めたのであつて現在言ふ所の胃痙である。原因は神經から來るもので、神經衰弱やヒステリーの病者には、よく起る病である。即ち憤怒や憂苦等の精神感動が直接の原因である。腹の立つたことを稱して癪に觸るといふ言葉は恐らく此處から出たのであらう。一度癪が詰め來れば物も言はれない程强烈な痛みが胃部に感じ胸までも突き上げるやうに劇しく、俗にさしこみとも云つて萬人に恐れられる病氣である。激痛が來ると同時に手脚は冷へ、心悸は亢進し額からは冷汗が滲む。しかも度々是れに襲はれると遂には精神まで影響して思考力は衰へ記憶力も減退する。

◇療　法　此の病は一見劇烈なやうであるが心靈治療の階級では寧ろ初級に屬するもので決して恐るべき病ではない。

(一)苦しみ始めれば直ちに作術して强い靈力を放射して、胃部の神經機能を抑壓して痛さを拭ひ其れと共に引きつけたる胃壁に至大の念力を注いで常態に復せしむるのである。本病の施術は大抵短時間で濟むが、發力は出來る限り強烈に出すことを要する。強く深く烈しく作術して至大の念力を一時に放射するやうな心持でやるのである。

(一)次に合掌の手を解きて胃の上部に當る所を背部を母指にて強く壓する。そうすれば胃痙も忽ちにしておさまり後は何でもなく宛で大風一過の如き觀がある。但し是は一時的施術であつて根本的の療法としては先に述べた神經衰弱治療の治術法を以つて十日なり二十日なり施術を行ひ神經を丈夫にしておかねばならぬ。そうすれば自然に本病に襲はれる事もなくなるのである。

(三五)胃潰瘍 其他

吾々が平常食する肉類も、吾々の胃壁の肉も其の質に於て大差がない。然るに食べた肉は消化されるが吾等の胃壁の肉は消化されない。之は一見甚だ不思議のやうであるが、其れは吾々の胃壁の中にアルカリ性の血液が潤澤に循つて胃液の強い鹽酸を中和し消化することの出來ないやう微妙な自然の機構設備に依るものである。所が或る場所に血の循りの惡い所があると其の部が消化されて穴が開く、之を胃潰瘍といふのである。此の病氣に罹ると吐血と胃痛を伴ふ。其他厄介な胃癌といふものもあるが施術法は左記の通りにする。

◇施術法　(一)胃部に強烈な思念力を吹き込み、其の部の血行を盛んにし機能を昂める

(二)胃部に向つて合掌の指頭を差向け靈素放射をす

(三)掌の摩擦方法。以上を各十分間づゝ、計三十分、毎朝夕實行すれば多大の効果がある。更に本病には專門醫或は專門的靈能家の施術を受ける事が必要である。

絣吐血の一日は牛乳、二日からは牛乳、又は野菜スープ、十日目に薄き粥と云ふやうに食事に絶對の注意が必要である。

(二六)腸カタル　症狀　一日一回あるべき便通が二三日もなかつたり、又一日に數度もあつたり或ひは便に變な色がつき、粘液が混じたり軟かすぎるやうなことがあれば、其れは腸の傷んでゐる證據である。普通腸カタルの症狀は、腸がしく〳〵と痛み、腸部にはゴロ〳〵と雷鳴が起り、下痢が來る。腸は胃と同じく消化作用及び榮養分攝取の大役を受持つてゐるのであるから此處が惡くなつて榮養攝取が完全に行はれないとなれば、自然顏は靑ざめ氣は重くなつて遂に身体全部の衰弱を來すのは當然である。

◇治療法　此の病の療法は胃病治療と全く同一にしてよろしい、第一號法を實行し、患部及び精神の兩方面に爽快な氣分を吹きこみ靜かなる腸摩擦を行ふ。强烈な靈力は要らない代りに先の胃痙の如く短時間に全治させることは困難で、少くとも五日十日の作術反復を必要とする。但しひどく腸が糜爛してゐるやうな場合に自己治療を實行するには最初の數日の間は極めて靜かに作術し一號式吸氣の量も力の入れ方も極めて輕くなし漸次に强めるやう多少の加減に注意しなくてはならない。猶ほ胃病治療の項を參考せられたい。

(二七)盲　腸　炎　小腸との繼ぎ目に大腸の端が袋のやうになつて何の役にもたゝない部分が出來てゐる。此の部分の尖端が縮少していはゆる蟲樣突起といふ行詰りの袋となつてゐるのであるが是が又厄介な事には直ぐ炎症を起す悪い癖をもつてゐて、魚の骨とか果物の種子とかが腸を通過して行く途中で此の袋の中に迷ひ込み、そこで炎症を起すことが往々ある、便秘の糞便も此處によく溜ることがある。又細菌が此の袋の中に侵入して袋の中の粘膜を犯して腫れさせ、其れより出す分泌物が溜つてひどい炎症を起す事もある。其處で早く炎症を追ひ散らせて化膿させないやうにするのが本病治療の根本要件である。若し化膿したならば何うしても外科手術で切り取るより外に途はない。

◇症　狀　臍の右下が痛み熱は三十九度から四十度に達し、舌苔、渇き、睡眠不能となり非常に苦しむ病氣である。

◇治療法　先づ第一に熱の放散を念じる。そうして炎症の鎭まるやう一途に靈力を放射する。次には分泌物や侵入してゐる固形物を念力を以つて誘出する。其れには右下腹の腫れた部分に一途の念力を集中し心眼によつて固形物を捕へ其れを上方に靈力と共に誘導し、大腸の幹線にまで導き出す方法を十數回も繰返すと不思議に其等の物は大腸まで押し出され了ふものである。現在歐米諸國にて實驗せられてゐる通り、本當に絶大なる靈力が出たならば、卓子や椅子のやうな重いものでも數尺の高さにまで持ち上げる程の力が出るものであるから果物の種子くらゐを移動せしむるなんかは全く何でもない事である。殊に盲腸其れ自身も活きてゐるのであるから是にも刺戟を與へて押し出せる方法をも併用すれば譯なく出て了ふものである。更に一般的注意事項としては絶對安靜にすること、食餌は一切流動物たること、患部を冷すことも大切な要件の一つである。

(二六) 痔疾

痔疾の種類には、疣痔、穴痔、切痔等があるが、日本人の約半數は此の何れかの痔疾に犯されてゐると言ふくらゐ一般的の病である。何故日本人に痔疾が多いかと云へば食物の關係で、菜食の量の多い事が其の原因の一つ、今一つは日本人は坐るからである。坐れば何うしてもお尻が一番下に來る。そうして血管を壓迫して血の循環を妨げ、所謂鬱血を起すからである。殊に身体の他の部分の血管の中には瓣が付いてゐて血の逆流を防いでゐるのに何うしたものか尻の血管だけには此の瓣がない。其や是やで血液が停滯しがちである上に、更に長時間坐つて仕事をする人、或は樂隱居さん達には一層此の傾向が强く遂に本病を起すに至るものである。猶便秘と大酒とは大なる原因の一つである。

◇施術法　(一)、**第一號法を輕く自習する**　先づ作術する前に冷水を飲み、それから第一號法を靜かに初める。本法を實行して居れば、血行と便通とを適當に刺戟する効があるから、輕症のものならば是れだけでも全治する。

(二)、**腸部施術**　腹部を摩擦しながら排泄物のすら〳〵と腸內を移動して一所に停滯しないやう思念法の作術を行ふ、斯くして度々便意を催さしめ、便の固結を防ぐのである。此の爲めには最初一日に三回位ゐ作術する、便秘して便通の固い間は決して本病は癒るものではない。

(三)、**傷口治療**　痔には前にも言つた如く穴痔、切痔等種々あつて穴があいたり縱に裂けたりして遂に出血を見る。其の場合傷口の癒着するやう其の局部に熾烈の念力を注ぐのである。而して其の部分の組織の活力機能を旺盛にすれば裂けた部分でも癒着する。若し組織の元氣が旺盛であれば、切れ落ちた指でも又元の如く癒着するのと同理である。

かうして漸く癒着しやうとする薄紙のやうな弱所へ又固い大きな便が押し寄せて擴げられるやうな事があつては、其れこそ九仭の功を一簣に缺く事になるから、軟便のすら〳〵通過せしむるやう前記施術を怠らずに行はねばならない。尚作術後必ず冷水を飲むことを忘れてはならぬ。

其の他一般養生法としては酒を愼み、靜かな散歩を一日一時間位ゐづゝなし消化し易いものを攝ること等は必要な養生法である。

（二九）黄　疸　　十二指腸のカタールが肝臟の輸膽管に及んで之を狹くし又塞いだために膽汁が腸に注ぐことが出來ず血液中に交つて体中を黄色に染める病氣で、重くなると膽血症となりて腦を犯す

◇施術法　（一）、合掌の手を解きて靜かに肝臟の個所、即ち上腹の右方を撫でながら膽汁の流れ道の平調なるよう思念を凝らすのである。

（二）、次は腸に作術して便通を計る、即ち片手で靜かに下腹部を摩擦して便意を催させることと痔疾施術と同様である。猶食物としては肉類を避け、蜆のスープを飲めば有効である。蜆一升を水一升に入れて一時間ほど煮詰め之に醤油を入れて味をつけ更に煮詰めて一日三回飲用する。

（三〇）膽　石　病　　膽嚢内に膽汁が溜り其中で石が出來る、坐つてばかりゐる人、美食の人に多く發病し之が輸膽管を通るとき猛烈な痛みを起し又熱が出る。

◇施術法　（一）、痛みの起つた塲合は神經施術を行ひ、念力を以て一時其の個所の知覺を衰へし

め鎭痛せしむ。

（二）、膽石の通過を容易ならしむるやう合掌の指頭を其の個所に近づけ、一途の念力を送つて迅速に通過せしめる

（三）、平素、靈能發現法中の第一號式を時々行ひおれば絶對に膽石は出來ない、坐業、運動不足が最大の原因であるから腹力統一呼吸を實習して運動効果を納めてゐれば決して發病することはない。

（三）腹　膜　炎

腹膜といふのは腹部の諸臟器を包んだ袋の如き膜で胃、腸、腎臟、膀胱、子宮等あらゆるものを細かに包み總ての内臟を保護してゐるのであるが、此の膜の腫れる病氣を腹膜炎と言ひ、中には水の溜るものもある。

◇症　狀

腹が脹つたり硬くなつたり痛んだり熱が出たり、便通が惡くなつたりして、眼球が引込み、頰がこけて力がなくなる。隣接臟器の病氣から併發する事もあるが、チブス菌、淋菌、結核菌などによりて起る場合も相當多い。

◇施術法

一、患部に合掌の指先を向け病菌の撲滅と組織の活力旺盛を計ること約十分間

二、次に病者の精神施術をなし雄大爽快なる氣分を注入し又誘起せしむる。施術上の注意事項其他は肺炎の項を參照せられたい。他の臟器の疾病に原因する場合は先づ其の方面から施術して快癒せしむる事が先決問題である。仕事を一時中止し安靜平和なる生活をなし滋養劑を取つて衰弱を來たさぬやうに注意すれば、本病も又必ず治癒する病氣である。本病にはハブ草を煎じて飮めば有効である。

第五章　泌尿器の疾病治療法

（三）腎臓病

◇大切なる清潔係　泌尿器は、身体を養つたり掃除したあとの穢い汚れたものを体外に出す裝置であつて丁度、下水道の役目をしてゐる。衣服や食器などの汚いものを洗つて清潔にし、室を雑巾掛けして綺麗さつぱりとした其の後に殘つた汚い洗濯汁や、雑巾ばけつの水を我等の家から外に流し出す下水の其れと同じ役目をつとめるものである。

血液は全身隈なく循環して、体内の各所に溜つてゐる汚れたものや惡いものを運んで腎臓まで持つて來る。そこで腎臓は其の血液の持つて來た汚れたものや毒物などを濾し取つて之を膀胱を通して体外に排出する。若し腎臓が惡くなつて汚いものを濾し取ることが出來なくなれば、血液は汚れたまゝ再び全身を廻り、彼の恐るべき尿毒症を起して遂に生命は絶たれる事になるのである。又腎臓は血液を一定度のアルカリ性に保つ役目を掌り常に多量の酸を排出しつゝある。

◇症　狀　体内の不要物や汚物を体外に送り出す所の小便の量が非常に減り、代りに其の色が濃くなつて茶褐色を呈し蛋白色を多量に含む。顔には浮腫が來る。而し熱もなく痛みもなく重い病の割に苦痛が少いため、つい其のまゝ打棄ておき、遂に大事をひき起す因となるのである。

◇原　因　梅毒や、猩紅熱、其の他咽喉の病氣から來る事もあるが又藥の中毒や毒蟲にさゝれた後に起ることも度々ある。此れ等の原因で腎臓内に在る數多の細管が腫れて、血液の中から汚い惡いものを濾し取る作用が出來なくなるのが此の病の本体である。

◇治療法　血液の運んで來た不要有害物を受渡しするために腎臓の内部では多數の小血管が房のやうに分れ、其の中に尿細管が又房のやうに交つてゐる。斯うして無數の小さい手で不要物の受渡しを早くすませるやうに出來てゐるのであるが、此の細管が腫れて自由に受授が出來なくなれば本病が誘發せられるのである。患部施術としては此の細管の腫をひかせることが何より大事な根本治療法である。

(一)患部施術　先づ病者を俯伏せに寢させ、背部の方から施術する。胃の見當から少し下の脊柱の兩側の所に左右二個の腎臓がある、左右何れからでも先づ合掌の指頭を其の見當に差し出し、一途の念力を以つて細管の常態に復することを念じつゝ、指頭の放射線を盛んに送る。此の作術は十五分乃至二十分間を適當とする、更に掌にて靜かに其の部分を摩擦する、時間は五分間位ゐを可とす。此の施術を反復施行すれば必ず腫のひく事如何なる藥よりも有効である。一体腎臓病には適藥はなく、今日醫師の與へる藥は發汗劑か或は利尿劑に過ぎないのである。

(二)利尿施術　腫がひいて常態に復するやう作術したあと引續いて今度は尿がすら〳〵と通じるやうに極めて輕く片方の手の指先で背の兩側即ち腎臓のある個所を撫でながら靈力刺戟を與へるのである。作術が好調に行けば施術約十分程で尿意を催して來る。斯うして小便がどし〳〵出るやうになれば、最早占めたもので本病は間もなく快癒する。

(三)腰部施術　頭痛治療の際に行つた血液下降法を施して頭の血を下腹部の方へ下げ頭を輕くする。

其れが出來たら今度は腰部の方へ燃え立つやうな靈力を送る。短時間に强烈に行ふのである。是は術者の方でも疲れるから長くて十分間位ゐで充分である、若し施術が完全に行はれたならば病者の腰の廻りに汗が出る。

第一法から前後三四十分位ゐ每日二回づゝやつてゐれば全治すること請合である。但し術を初めた日から二三日經過した後、病者を絶食せしめ斷食狀態で一兩日盛んに作術すれば一層快癒が早い。

其の他一般に山葵、生姜の如き刺戟物や、烈しい運動、寒暑の急變等を避けるやう注意しなければならない。素々人間として價値ある壯健体を維持するためには壯快な運動、寒中の冷水浴、更に極寒酷暑にもさらされて身心を練ることは最も好ましく、斯くてこそ眞に强大な抵抗力を持つ有用なる人間となり得るのであるが一朝、本病に犯された以上は、殘念乍ら暫く此の希望を捨てゝ安靜にし寒暑を避け暫し温室内に蟄居せざるを得ないのである。若し血氣にはやつて運動でも過さうものなら遂に生命まで棒にふることになる。

(三)糖尿病

症狀　何だかひもじさを感じ、幾ら喰べても喰べても痩せる一方で、少しも肉が附かない。而も此の病に罹る人は脂肪質で肥へ太り頭腦を使ふ人に多く、發病後は喰べても喰べても痩せるといふ奇妙な現象を呈する。又美食して運動不足な人もよく罹病する。尿の量は腎臓病と反對に非常に多くなり、其の色は透明の黄色で大變綺麗である。土の上に放尿すれば泡沫が見事に立つ化學試驗では尿中に葡萄糖の含むのが特色である。重症であるにも拘らず、苦痛が少いため放任して遂に生命を棄てることになるから注意を要する。

◇治療法　本病の療法として彼の胃の後にある膵臓に靈力を注ぎ過剰の糖を血液中に送り出さぬやう思念を凝して施術すれば大變効果がある。人体の体溫や運動に費すエネルギーは、食物を材料として体内で作り上げた葡萄糖の補給によつて維持せられてゐるが、其れを補給するため直接血液が之を体内各所に配達して廻つてゐるのである。若し使用量より過ぎた餘計の糖分を持ち出すと遂にやり場に困つて体外に出して終ふ。即ち尿に交つて出て來るのである。此の適量を調節するのが膵臓だといふ説に從つて膵臓に作術したのであるが、これは確かに効力がある。本病者は菓子、ビール、酒等糖分の多いものや澱粉の多いものを差ひかへ、豆腐、大根、パン等の如きものを攝るのが良いと言はれてゐる。以上の如き食物にも注意しながら膵臓の强健に復するやう思念を凝して作術すれば、必ず効果のあることは實驗上いなみ難い事實である。

(三四) 膀　胱　炎

痲病の黴菌が這入つて發病する場合が大變多く次に連鎖狀球菌、大腸菌等が侵入して起る場合もあるが、他病に併發する場合、膀胱結石の生じた場合にも起る。

◇症　狀　會陰部、下腹部が痛み、小便が無暗に出たくなり、排尿中も其後も非常に痛み、顏色蒼白となり熱を發し全身衰弱する

◇施術法　(一)、靈素放射を以て黴菌を撲滅し、膀胱機質の淨化、機能の旺盛なるやう施術する合掌を患部五六寸の所に近づけ指頭を向けて靈力を集中す。

(二)、掌にて靜かに摩擦す、此の方法各十分間位ゐづゝを行ふ。猶、ウワウルシ葉、カゴ草葉を煮出し茶の代用に時々飲用すれば病菌を流出する作用を起して大効あり。

第六章　傳染病施術法

傳染病でよく發する病は、何といつても腸チブス、赤痢、コレラである。是れ等の病に犯された場合には法律上、傳染豫防の完備した病院へ行くのが本体となつてゐるが、入院中に於ても合理的なる本術を、醫師の治療と併用すれば至大の効果を納め、其の恢復を早めるものである。豫防方法等は醫師の命ずる通りにし殊に糞便及び食器の消毒には萬全を期せねばならぬ。

何分腸チブスにしてもコレラ、赤痢にしても腸内がたゞれ、やゝもすれば出血しやうとする危險な狀態に在るから絶對に安靜は必要である。たゞれた腸内に送る食物の流動物たることも勿論だが、是等は醫師の指示をまつとして、心靈治療を併用する方法は次の通りにするのである。

一、頭腦の平靜強健を念じる　腸チブスなどで三十九度以上の高熱がつゞくと夢中になつてうわごとを言ふ。うわごとだけで濟めばよいが盛んに動き暴れる。靜かにせよと言つた所で相手は既に夢中で、何の聞きわけもない。そこで斯うなる以前から時々病者の頭腦に作術し、一途の念力を以て腦の混亂を防ぎ、強健平靜なる狀態を保つやう念ずるのである。お前の頭は確かである、僅かな熱ぐらゐには決して犯されない、といふ信念を強く吹き込むのである。更に頭腦の血液降下法を實施する。この施術を時々行つてゐれば混亂狀態に陷つて暴れるやうな事はない。

二、患部施術　彼の病菌めがけて強烈な憎悪的心靈を注ぐと同時に、合掌の指頭を下腹部に向け移動しながら靈素放射を行ふ。時間は約十分間位を適當とする。

三、精神施術　是は度々說いた如く、本病は間もなく全快すと云ふ爽快な確信を、患者の靈中に吹込む方法である。一般に之等の傳染病には高熱が伴ひ、病勢の進行も急劇であるから、患者は俄かに衰弱を來し、此の衰弱が更に病菌の横暴を助長する結果となるから、傳染病者に對する確信の吹込や、精神の確立法は時々之を行ひ、其の平調を失はしめない事が必要である。

猶腸チブスや赤痢などの回復期には、猛烈なる饑餓感が伴ふもの故、飽滿の情を術者の靈中に作り上げ、之を病者に移して此の熾烈なる餓じさを緩和する施術を行ふべきものである。

第七章　婦人病に對する施術法

(三五)子　宮　病

單に子宮病といふ中にも其の種類は種々あつて、子宮が閉塞して子宮口や輸卵管の口が詰るもの、骨盤腔の中央に正しく立つ子宮の上方にて或は前に、或は後に傾いたり又途中で折れてくの字形になるもの、子宮が下の方へ垂れ下つて來るもの、其れから甚しいのになると子宮癌など云ふものもあつて其の種類は多種多様である。然しながら普通子宮病と言はれるものは、子宮の内部を厚く覆つてゐる彼の内膜に炎症を起した場合を指して言ひ、一般に婦人病といはれる病者の十中八九までは此の子宮内膜炎である。

◇子宮内膜炎の原因　現今社會に多數の患者を有する本病の大半は淋毒に依るものである、されば家庭に於て本病を治療する場合は同時に男子に對しても治療を要する事は勿論である。淋毒に依らざる他の原因は月經時寒冒に犯された場合、貧血狀態の際、流産のあと、房事過度、傳染病のあと等に發病する事が多い。

◇症　狀　常に下腹が重く何か一杯詰め込んだやうな感じがして小便が頻數となり、排便に困難を伴ひ、便通時或は身体を動かせば下腹部が痛み、いはゆる帶下がおり、時には出血を見る。之を俗に白血長血といつてゐるが、普通健康狀態に於いても若い婦人には常に分泌液があり、局所の濕りは常然であるが、便所に行きて垂下する程度の量は既に異狀である。常におりものが繼續してゐると遂に貧血を起し顏色は蒼白となり、次第に衰弱の度を加へ來る。又本病は神經系に障る程度が强く、頭痛、惡寒動悸亢進、感情の動搖を來たし、ヒステリーの症狀を呈する事もある。

（二）、患部施術　子宮は膀胱と直腸との間にある西洋梨型で、厚い壁で出來た一個の袋である。其の内面は凡て粘膜に包まれてゐるが、此の粘膜には子宮腺と言つて一種の液を分泌する細管が無數に口を開いてゐる。一般に子宮病と云ふのは此の內膜に炎症を起して赤く腫れ上り其處から粘い分泌液即ち帶下を出し出血を起す症狀を言ふ。先づ患者を俯伏せに寢させ背の下方即ち子宮のある見當を背の方から施術するのである。（一）術者は第一號法から順次に作術し第三號法に及び恍惚狀態に入り靈能發現をまつて病原菌委微施術を行ふ。其の方法は肺結核、腸チブス其他の項に述べた通りであるが、つまり强大な靈力の發動した場合一途の憎惡的念力を以て細菌に注ぎかけ、其の萎微衰滅を念ずるのである。普通これだけを約十分間行ふ。(二)次にはやはり背部より子宮の個所に合掌の指頭を向け、靈素放射施術を約十分間。(三)然る後合掌の手を解いて一方の手で衣服の上から輕く指先を揃へて撫でながら其の部分の血行旺盛を念じつゝ施術すること約十分間、即ち患部施術に三十分間程度を適當とする。

(二)、**精神施術**　子宮病に犯された人は彼のヒステリーの症狀と同じ精神狀態となり、感情は波のやうに動いてやまず、喜怒哀樂は常ならず、總てを悲觀視し、總てを嫌忌する狀態を呈するものであるから特に精神上の施術が重要である。其の方法は先づ恍惚狀態に入りて爽快明朗なる氣分を作り上げ、之を直ちに病者の腦中に吹込み病者の陰慘な氣分を一掃するのである。

(三)、**便通利尿施術**　本病者は便秘を起しやすく、便秘を起せば又患部に惡影響を與へて其の進行を助長するものであるから適度の便通と利尿を計るため本施術を併用する必要がある。此の方法は前述の腎臟炎施術の際と同一である。腎臟及び膀胱に刺戟的靈力を送つて利尿を起さしめ、腸に作術して便通を催させるのであるが細かいやり方は前述の所を參考せられたい。

以上の方法を反復實行すれば遂に治癒するものであるが、更に次の如き方法を時々併用すれば一層の効果を擧げ得る。

一、自家消毒を盛ならしむ　膣や子宮など外部と交通ある個所は防禦設備が完全に出來てゐて外來の黴菌を死滅させる作用が完備してゐる。子宮内の子宮腺に强き靈力を送り、次に合掌の放射術を行へば好適なる刺戟を受けて其の分泌が旺盛になる。子宮腺の分泌が盛んになれば抗素が多量に送り出されて病菌を撲滅する、即ち自家消毒作用を助長する結果となるのである。

クロエーニヒといふ醫師が曾て四十人の姙婦の膣内へ種々の病原菌を入れて試驗して見たところ、其の病原菌のうち、連鎖狀醸膿菌は直ちに殺されて終ひ、綠膿菌は稍や長時間かゝつたが、總て二日の後には全部殺されて全然無菌となつたと發表してゐる。即ち是は自家消毒によつて爲された病菌の驅逐作用の一例である。

二、散血法施術 子宮病には鬱血が禁物である。かの頭痛治療の項に於て述べた血液放散法を以て時々此の施術を併用する。時間は約十五分間位でよい。猶本病療養中は充血を起させる事は總て絶對に避けねばならぬから辛き物、酒、性交、激しい運動等は一切之を愼む事が肝要である。

◇自己治療法

內膜炎に犯された婦人自ら治療しやうとするには先づ第一着として靈動發現方法から着手するのが順序である。第一號法から第三號法まで順次に練習して約三週間程毎日怠らずやるのである。三週間といへば長いやうだが、本病に犯された人は一年二年と長年月病のために責めたてられ長い間辛抱する苦痛に比ぶれば三週間位ゐは何でもない事である。

第三號法まで修練し恍惚狀態に入る事が出來るやうになれば、次に自己施術に取掛るのである。本病に犯され常に多量の出血を見る程度に昂進してゐる場合は彼の第一號法の腹力統一呼吸を極めて徐々に靜かに練習する點は特に注意せねばならぬ。たゞ帶下の下る位ならば其のまゝ強く實習して一向差支へはない。

◇施術方法　一、精神の確立法　子宮病患者は心の動搖が烈しく、憤怒、悲觀に呻吟するため身体を毒する事甚だしく、此のために病菌の跳梁を助ける結果を招くから、先づ雄大明朗、確然たる精神を得る事に努力しなくてはならぬ。先づ第一號法、第二號法を朝夕二三十分間位づゝ實習して彼の雄渾偉大なる大精神を獲得する。本法を實習してゐると自然に腹が据り、いはゆる神人合一の大信念が湧き起り些々たる事に感情が動搖しなくなる。

二、患部施術　第一號法にて腹壁に集中した注意力を、今度は自己の疾患部即ち子宮に移し、此の部に強き思念力を集中しながら合掌の手を解き掌にて腹部を靜かに摩擦するのである。此の時間は二三分而して又合掌をなし不思議なる細微振動を誘發してから再度手を解きて摩擦すること二三分、之を十五分乃至二十分間繰返すのである。斯る方法を朝、晝、晩と一日三回程實習してゐれば大抵の子宮病は間もなく平癒して了ふ。

猶一般養生法としては時々戸外に出て日光に照され、新鮮なる空氣を吸ひ、自然に接して陰慘なる氣分を祓ひ淨め、心身を自由にくつろがせること等も本病治療上多大の効果がある

(三六)膣炎　卵巣炎　一般に婦人病と言はれる子宮病、卵巣炎、膣炎等は淋菌侵入による場合が多く、治療施術も後章で述べた淋病施術の方法を用ゐて偉効がある。猶、前章の施術法をも參照實行せられたい。

(三七)不感症　本病は性交時に於て何等快美感の起らないもので、甚しいのは性交を嫌ふやうになる。特に之は婦人に多いが斯うなると圓滿なる夫婦生活は不可能となり、家庭破綻の原因ともなる。その主なる原因は自瀆行爲の過度や、房事過度のため生殖神經の衰弱を來たしたとき、ヒステリー症の發したとき、子宮疾患の場合等種々あるが、ヒステリーや子宮病に伴ふ場合は先づ此の治療施術を行つて之を治せば、自然に不感症も癒えるものである。生殖神經の衰弱に依る場合は次の施術を行ふ。

◇施術法　(一)、第一號法を行つて腹力を統一し、全身の調整を計り爽快なる氣分を湧發せしめる、此の方法は約十分間行ふ。次に

(二)、第二號法を行つて合掌をなし振動の起りたる後之を解きて一方の掌にて局所を靜かに押壓すること四五分、再び合掌をなし一念こめて振動を起さしめ又之を解きて局部に當てる。

以上の方法を數回繰返し一日に二回位ゐづゝ行ひ毎日繼續なしおれば頑固な不感症でも終に治療するものである。此の施術に限り婦人でもあぐらをかいて坐するか、仰臥して脚を曲げ膝を立てゝ行ふのである。一般注意事項として冷水浴をなし、運動を怠らず、精神を明るく正しく持ち、性交度數を減じ肉類や牡蠣、トマト、葱を多く食し局部を時々冷水に浸すか、タオルにて冷せば効果がある。

第八章　性病施術法

(三八)黴　毒　文明と共に衛生學の進歩せるに拘らず本病の今猶盛んに蔓延しつゝ、あるは甚だ

寒心の至りであるが本病は、スピロヘーテ、パリーダといふ螺旋狀の微細な病原体が、主に性交等に際して感染することに依りて發病する忌はしい病氣である。

◇症　狀　第一期。病毒を受けてから三週間は潛伏し、次に局部に一個の丘疹が生じ、暫くして潰へ附近の淋巴腺が腫れる、之を横痃といふ

第二期　右の症狀を呈してから七八週間の第二潛伏期を過ぎて、今度は皮膚に薔薇疹、膿疱疹を生じ全身倦怠、食慾不振、發熱を起す。第三期は三年後に起り体中全部の組織を犯し、骨にまでゴム腫を起し次第に崩壞に導くものである。

◇施術法　本病には卓効あるサルバルサンの注射を受けるのが最も早道である。黴毒に犯された疑のある時は早期に之を實行すれば大害を受けずに病菌を一掃することが出來る。其れと共に從來度々吾人の實行した病菌撲滅施術、局所機能の旺盛復活施術を併用すれば間もなく病を一掃することが出來る、其の方法は既に度々詳述してゐるから此處では省略する。豫防としては不潔なる性交、キッス、盃の獻酬を差控へ、用後は局所を三十倍のプロタルゴール水にて洗滌すればよろしい。

(三九)淋　疾　珈琲豆の形をした微細なる雙球菌の傳染によつて發病し尿道に炎症を起し、重くなれば膀胱、腎臟、睾丸、子宮等をも冒し疼痛を伴ひ、膿や血を出す嫌な病氣である、主として之も性交によつて感染する。

◇症　狀　尿意が頻發して尿道が灼けつくやうな感じがし食慾不振、高熱を發し性的神經衰弱を

起し婦人はヒステリーを誘發する。婦人病の大半は、此の淋菌のため膀胱、膣、子宮卵巣と複雜なる女子生殖器の各所を犯される事に基因してゐる。排尿時疼痛を伴ひ血膿を排出し陰門炎、膣炎、子宮炎、輸卵管炎等を併發し血性帶下を來し遂には腹膜、心臟内膜に達する場合もある。

◇施術法　病菌衰滅施術、局部機能刺戟施術は黴毒其他の項に於て說述の通りになし、便通をよくする施術も合せ行ひ一回二十分位ゐづゝ一日二回施術するを適當とす。豫防法としては性交後の放尿、プロタルゴール水の洗滌を怠らず、罹病後は酒、鹽氣や脂肪物を避け、毒だみ草の蔭干十匁を煎じ一日三回に分服する。又は夏枯草とゲンノセウコを交へて煎じ御茶代りに飲用すれば効果あり。

(四〇)遺精と陰萎

遺精　就眠中に自然に陰莖が勃起し、性愛的の夢を見つゝ、精液を漏す事があるが、一ケ月に一回又は二回位の度數にて翌朝何等の倦怠感もなき場合は生理的遺精にて問題とする必要はないが、度數も頻繁で翌朝に於て身心疲れ頭痛を覺え、憂鬱感の伴ふものは病的遺精であるから治療の必要がある。

又陰莖の勃起充分ならず、性交に臨んで直ちに萎縮し其の目的を遂行し能はぬ人がある、之は陰萎と稱して病的である。之は陰莖に腫瘍の出來たときや又糖尿病や脊髓炎に伴ひて起る事もあり、煙草、アルコールの中毒よりも來る。又更に事物の研究に沒頭して勃起力を失ふ場合もある。

◇治療法　先づ依つて來る原因を確かめ其の原因除去施術を行ひ他の病氣に起因する場合は其の方から先に癒さねばならぬ。次に第一號式を行つて全身の調整を計り活力を養ひ、強く淸き心を持つやうにする。次に二號式の合掌を解きて靜かに局所の上より壓す、之を一回十五分間位ゐづゝ一日に二三回宛實行せば陰莖の作用が正常に復し、本病は平癒する。

更に一般的注意事項としては規則正しき生活をなし、運動を行ひ、毎朝冷水摩擦を續け、性交度數を制限し刺戟物の過量を差控ゆることに注意する。

第九章　皮膚病施術法

（四一）濕　疹　俗に吹出もの、くさ、かぶれと稱せられるものがそれで、たゞれて膿を持ち汁が出る。其汁が着くと又かぶれ中々治り難いものである。

◇施術法　濕疹の個所に合掌の指頭を指向け、約十五分間位ゐづゝ時々施術する。猶局方の蜂蜜に惡鉛華末を少し入れ、よくかき交せて塗り其の上に一日二回づゝ塗れば効果あり、ゆきのした葉の絞り汁と亞鉛華末と煉りたるものも効果ある

（四二）腋　臭（わきが）　わきがは惡臭を放つて本人よりも他人の困る病氣である、腋下に合掌療法を施して分泌腺の閉鎖を計る。燒明礬を擦り込むこと、胡桃をつぶして摺り込んでもよく利く

第十章　小兒病施術法

（四三）ヒキツケ（痙攣）　症狀「ひきつけ」は腦の痙攣で熱の高い時に起す事が多く、齒を喰ひしばり、手を固く握つてぶる〱振はし、顏色も唇も紫色になり呼吸は不正となる。

◇施術法　先づ第一に帯を解いて胸を寛かに開き、呼吸を樂にし氷嚢を心臓部に宛て片手で兩方の「こめかみ」の所を抑へ片手の母指にて「ぼんのくぼ」首の後の方を稍強く押す、猶霊力を以て便通施術を併用すれば効果がある。急を要する故灌腸してもよろしく、更に一方胸と脚のこぶらに芥子を張るのもよい。ゆきのした十葉位ゐを擂で揉み其の汁を口中へ入れてやるのも大効がある。

(四四)小兒胃腸カタル　腹痛があり高熱が出て便中に粘液が混る。此の場合には氷で頭を冷やし、熱い濕布で腹を温め然る後施術をする。是は既に述べた胃腸施術の方法通り實行すればよい。

(四五)疫　痢　症状　丈夫であつた子供が急に元氣がなくなり熱が出で、大量の便を出し次に粘液が出で後急劇に熱が昇り、呼吸は迫り手足は冷え、痙攣し二十時間から三十時間の間に生命を奪はるゝ恐るべき病氣である。一種の黴菌のため腸内に猛烈な毒素が出來、之が血液に交つて腦を犯し心臓を冒すから忽ちにして診つて仕舞ふ危險な病氣である。

◇施術法　本病の手當は非常に急を要するもの故、直ちに灌腸し、下劑ヒマシ油を年齢に應じてコーヒ匙二匙から六匙位ゐづゝ、一時間毎に數回與へ、腸部に向つて合掌の靈素放射と強大な思念力を以て病菌退散を計り、次に便通誘起施術を行ひ、更に心臓に施術して疲勞を和らげ、頭腦に施術して回復を計る。各々約十分間位ゐづゝ極めて靜かに強く實施する。心臓病、脚氣、頭腦の項に說明せる方法を併用すれば大効がある。猶下劑をかけて充分下してからゲンノセウコを少量與へると卓効がある。

(四六)痲　疹

「はしか」は大抵の子供は一度は必ずやる病氣で、半流動物を與へ室内を締切り火鉢を入れて湯を沸かし、保溫に注意して完全に發疹させることが大切なる注意事項である。

◇施術法　本病は藥の要らぬ病氣で溫かく安靜にしてゐれば自然に發疹し自然に癒るものであるが高熱を伴ふもの故、心臟施術をして衰弱を防ぎ肺に合掌施術をして肺炎併發を豫防する。猶幼兒にして高熱のためヒキツケを起したる場合は、氷袋を頭腦に措き頭腦施術を行つてやる。

(四七)百　日　咳

症狀　一種の桿菌が病原体と言はれてゐるが、子供を犯す一種の傳染病である。發作が起ると息を吸ふ暇がなく、非常に苦しみ四五週間も繼續して漸く治癒する長い病である但し一度罹れば一生免疫となる。

◇施術法　(一)病菌の撲滅施術を行ふこと約十分間、之は合掌の指先を小兒の咽喉より胸に掛けて移動しつゝ靈素放射を實施するのである。同時に思念靈力を一途に病者の靈中に送りて確固たる强き信念を吹き込むのである

(二)背部より合掌の手を解きて靜かに撫で下げ、いはゆる摩擦療法を實施する。

(三)腦の壯健を計るため其の保健施術を實施する、是は頭腦明快法の項に述べた通りでよい。以上三法各七八分間づゝ計二十五分間位ゐを一日二回施術すれば案外早く治癒するものである。

猶滋養ある軟かい食物を與へ、なるべく泣かせぬやう注意し、金柑の葉七八枚をほうじ、車前草の蔭干三匁とを二合の水で一合に煎じ一日三四回に服用させると奇妙に利く。

(四八)火　傷

やけどは火焰、熱湯、濃厚なる酸等に觸れると起るが、其の輕重を度によつて三度に區別する。第一度、皮膚が赤くなつて傷む程度。第二度、皮膚が痛み水疱が出來る程度。第三度皮下の組織が壞れて疵が出來非常に痛む。

◇施術法　(一)火傷局部に靈素放射施術を施行して組織の復活を早からしめる。(二)次に鎭痛施術を行ひて痛みを止める。大火傷の塲合は特に心臟施術を强烈に行ひて衰弱を防ぐ事が必要である。

猶一般に酸火傷の塲合は曹達か木灰を水に溶かしたもの即ちアルカリ性の水に浸し、一般に輕い火傷ならば木灰を唾で練つてつけるか、又は木灰を水で溶きて附け油紙で被つて布いておくと痛みが止る。柿澁もよし、又食鹽と胡麻油とを布片に浸して之をつけ綿を覆ふて繃帶しても痛みは止まる。

(四九)日　射　病

症狀　夏の强い日光に照されて働き又旅行する時などに起り、顏色が赤く、呼吸迫り、高熱を發し氣が遠くなり譫言をいふ。

◇施術法　冷水を全身に注ぎ、水を飲ませ、涼しき所に安靜に横へ、先づ心臟に施術して之を平靜ならしめ、次に頭腦に作術して常態に復せしむれば恢復する。

(五〇)凍　傷

普通のしもやけは皮膚が紫色になり痛痒いものであるが、崩れない前の早朝に手當をせねばならぬ。施術は合掌の振動開始後、合掌を解きて片手の掌で患部を輕く十數回撫で上げるのである。凍傷個所が手ならば腕の方向へ、腕ならば上方へ撫で上げる事十分間位でよい。之を時々實行すれば必ず治る。

尚、風呂から上つた時、浴場で使つた糠（アラヌカと唱ふ）を袋から出して凍傷部に摩り込み、最後に之を洗はず拂ひ落すだけにしておくと輕いのは一回で治り重くても二三日で治る。

雪中に倒れてしまつて凍傷の全身症狀を起したものは、頻りに眠りを催し瞳孔が開き、遂に腦貧血と呼吸神經の痲痺で死に至るものである。

◇施術法　假死狀態に陷つてゐる場合は急に暖めては危險である。先づ冷濕布を以て全身を摩擦し次に攝氏十六八度の微溫湯にて溫浴せしめ、然る後合掌後片手にて靜かに全身を摩擦し、人工呼吸を行ひ四肢を高く吊し置くのである、尙手足の關節と心臟等には合掌指頭より靈素放射を行ふ。

(五一)寢　小　便

症狀　睡眠中、無意識の中に排尿するのであるが原因は膀胱括約筋の弛緩や、多尿症、消化器病、便秘、寄生蟲等によつて起る事が多い。

◇施術法　(一)精神施術によりて尿意が催せば睡眠中でも自然に必ず覺醒するやう暗示療法を行ふ。『尿意直ちに眼を覺す』といふ精神的、靈暗示を與へれば之は容易に治癒し得るものである。

(二)膀胱の左右に指壓を加へ更に下腹部や膀胱を合掌を解きたる片手にて靜かに摩擦する。猶注意事項としては就寢前及夜間に一二回排尿せしむる事、及び病兒を叱つたり嘲りなど決してしない事。甚だみの根一匁、水二合を弱火にて一合に煎じ四五歲の子供は三日分に、七八歲なら二日分に一日三回分服させると非常に効果がある。

第十一章　眼科疾病施術法

（五二）結　膜　炎　　結膜炎には種々あり、中でも生殖器の淋菌が眼に這入ると疾風の如く短時間に惡性の眼疾を起して失明する。されば之を風眼とも云ふ。又カタル性結膜炎と稱して塵埃や、有害瓦斯や眼の過勞のため犯される事もある。結膜炎は充血し疼痛を覺え、分泌物《めやに》は多量に出る。

◇施術法　（一）眼を閉ぢさせて其の外部より合掌の指頭放射を約十分間程實施する。

（二）次に眼球に輕き指壓を、次に眼窩の上部の骨に稍強き指壓を加へる、次に後頭部ぼんのくぼの兩側を母指と他の四指とで挾み少しく力を入れて指壓する此の時間は約十分間とす

（三）最後に下腹部に施術して便通を佳良ならしめる。此の方法は既に度々述べた通りである。以上第一より第三迄計二十五分間位ゐを一回とし、毎日二回施術すれば非常に効果がある。原因が淋毒に依る場合は淋病施術法を施して其の方から治してかゝる事が先決問題であるが、此の場合は急を要する故、先づ專門家の治療を受けつゝ、本法を併せ實行する事にして貰ひたい。

（五三）角　膜　炎　　角膜即ち黑眼の所へ星が出來て鮮明に物を見る事が出來ない、後遂に全体がスリ硝子の如くなつて失明するに至るものである。

◇施術法　　本病は黴毒から來る場合があるから之を確めた上黴毒治療の方法を取ることも必要である。治癒迄には相當長時日を要する故、その覺悟で取掛らねばならぬ。方法は前項結膜炎の場合と殆

ど同様であるが、原因の黴毒による場合は此の治療施術を先に行ふ。次に本病では全身榮養を特に必要とするから强壯療法を行つて全身的の活力を旺盛にせしめねばならぬ、全身强壯法は肺病治療の項を參照せられたい。

目をこすり角膜面に傷を負ひ、其處から肺炎菌、化膿性連鎖球菌の侵入した場合も本病の原因となる此の場合の施術法は　(一)黴菌衰頽施術　(二)輕き眼球指壓、眼窩指壓、後頸部指壓　(三)下腹調整施術　(四)全身强壯施術を夫々行ひ榮養吸集を可良ならしめ稍長時日を覺悟して毎日二回づゝ繼續すれば必ず不思議に全治する。

(五四)トラホーム　眼病中最も多く、中々治り難く而も傳染性のもので、時として痛みも伴ひ視力の障害が起る、眼瞼を飜轉すると白い粒々が見え眼は充血してゐる。

◇施術法　眼瞼の上から合掌指頭を差向けて靈素放射施術を行ひ、又靜かに指壓法を行ふ、然る後冷水で絞つた布を閉目の上からおいて十分間ほど冷しておく。猶術者は施術後、適當の昇汞水で消毒することを忘れてはならぬ。其他の方法は角膜炎施術と同樣にする。

第十二章　耳鼻科施術法

(五五)蓄膿症　鼻の病氣は肥厚性鼻炎、鼻茸、蓄膿症等が其の主なるものであるが、其の中で蓄膿症といふのは前額竇といふ骨の中にある洞穴に膿が溜り、頭痛がして安眠出來ず、記憶力の減退を來す病氣で鼻病患者の大半は是である。

◇施術法　（一）鼻中全体の强壯常態を取り戻すために、鼻部に合掌の指頭を向けて靈放射をなし鼻そのもの、强健を計る施術を行ふこと十分間

（二）次には鼻の兩側に施術して空洞内の膿を排出せしめる方法を約五分間行ふ。此の方法は盲腸誘導法と同樣。

（三）次に後頭に施術して間接に鼻の奥に好影響を與へるのであるが、母指と他の四指とで後頭部をつまみ約五分間指壓療法を行ふ

（四）手を清水にて洗ひ淨めた後、食指の指頭にて患者の齒齦を上下とも摩擦する。此の時間五分間。計二十五分間位ゐづ、毎日一二回づ、施術すれば難症たる本病も間もなく平癒する。猶時々頭腦明快法施術を併用する事も大いに有効である。又毎日一回食鹽水を鼻より吸ひ込んで口に出す方法を實効すると不思議に利く。

（五六）中　耳　炎

外聽道を耳搔を以て傷け、或は他の黴菌が入つて痒み、痛みがあり熱を持つて分泌物を出す、之は外聽道炎と云つて左程恐るべき病ではないから、靈素放射實施を數回繰返せば大抵全癒するが厄介なのは中耳炎である。

◇症　狀　寒冒や、鼻の病氣や、結核、腎臟炎等から併發する場合や、耳中に水や異物の侵入した場合に鼓膜の內側、即ち耳にとつて最も大切な場所に炎症を起し、耳に痛みを生じ熱を發し、時とし

て眩暈や嘔吐を催し、痙攣を起し譫言へ發發する。是れが即ち中耳炎の症狀である。

◇施術法　(一)内耳に向つて靈素放射をなし、又思念力を送つて原因物の消滅流出を計る事、約十分間　(二)惡い方の耳の後方に指壓療法を加へる。合掌の手を解きて食指と中指とを二本合せて其の尖端で靜かに押し、次に上下に輕く摩擦する。此の施術を約十分間次に　(三)精神施術を行つて腦を犯されぬやう、精神の平和を亂されぬやう腦を保護する施術を約五分間程行ふ。

第十三章　全般的靈力治病術

(其の注意事項)

本編の初めから主なる病の個々に就て夫々其の治療施術法を述べて來たが、右に擧げた以外の病は猶無數に存する事は勿論である。而して四百四病凡そ如何なる病に對しても心靈治療を用ゐて効果のない病は絶對にない。但し梅毒に對する六〇六號注射とか、ヂフテリアに對するワクチン注射等醫學的見地から速時に病を擊退し得るやうな特殊なものは無論それに依り、而して尚本術を併用すれば不思議と思はれる程治病の効が敏速に現はれ來るものである。本編に於てお傳へした數々の疾病に對する施術法を要約して其の主要項目を摘記すれば大体左記の通りである。猶今後、實際施術に當つて本書に記載してゐない疾病に出會した場合には、本項の各條項に照して其の病に適するやう之を應用し演譯すれば必ず充分の効果を擧げ得るものである。例ひ如何なる病氣に際會しても既に以上五十六種の疾病施術を知り

たるとは、其の何れかの方法を以て是に適用し施術して必ず其の病を全治せしむる事が出來るのである

(一)**精神施術**(精神强化法)　氣宇宏大となつて凡そ如何なる物にも驚かず恐れず、悠然たる心情を保持せしめる方法で、病を征服する强き精神力を附與するのである。是は本法の第一號法を習練する事、及び斯くして得たる雄大なる信念を患者の心中に吹込む方法を實施するのである。

(二)**患部施術**　疾患の原因を感得して其の原因を取除くと同時に、强大なる念力を注入して其の惡物を去り、病菌を驅逐して組織を丈夫にし、其の活動を旺盛ならしめ惹いては天與の恩惠たる自然良能を遺憾なく發輝せしめて病を退散せしむ

(三)**靈素放射施術**　不可思議なる合掌の振動より生ずる靈素放射を活用して病菌を死滅せしめ、同時に病患部の組織に刺戟を與へ、其の機能を盛んならしめて恢復作用を助長增大する

(四)**指壓と摩擦療法**　靈素の活躍しつゝある掌、及び指を以て夫々適する方法を用ひて指壓療法と、摩擦療法を行ひ患部の活力を旺盛强大ならしむ

(五)**信念の確立法**　病は間もなく退散してやがて健康体に復歸する、といふ固い信念を確立する。之を他人に施す場合には先づ自ら靈能を發動せしめて然る後、焔の如き强烈なる靈力を以て此の確信を吹込むのである。

(六)**副施術**　主患の根據に施術するのみならず、是に添へて行ふ副施術が又非常に重大なる使命を持つものである。例へば肺病施術に於て腹部施術を添へ、食慾を喚起し榮養を增大せしめるが如き、又糖

尿病治療に於て膵臟施術に添へて腎臟施術を行ひ利尿を促し以て本病を治癒せしむるが如く、即ち患部以外の個所に施術して多大の効果を擧ぐる方法である。

右の方法を夫々、各々の病に適するやう施術し、而も其の施術に際して靈動が充分であり、熱意があり而も被術者の心が素直であつたならば、實に其れは奇蹟とも見ゆる偉効を奏し、既に醫薬に見放された重患者が俄然回復に一轉し、遂に全癒の凱歌を擧げ得るに至るものである。

◇一般壯健者にも之を勸む

喰べすぎたからそれヂアスターゼだ、それ何だ彼だと薬品のみに依つて自己の健康を保たうとする人が、往々世間にあるが實に誤れるも甚だしいものである。薬は病氣を癒すものではない、薬は吾人天與の自然良能を助ける作用をなすのみである。而して自然良能は強い精神と肉体の所有者に限り、多分に保有される事になるのである。其處で本書に說いた第一號法から第三號法までを常に自習して怠らないならば、必ず固き信念と強い身体を獲得するに至り、之によりて自然良能作用を高め病魔の侵入を防ぎ、更に進んで、より強く愉快なる生活を樂しむに至る事になるのである。されば敢て壯健者に對しても平素、本術の習練をお勸めする所以である。

白隱禪師が「氣海丹田に力を集中し萬病を治せずといふことなし、若し治せざれば來つて拙僧の首を切れ」と大言壯語したが全く眞言である。白隱禪師が常に心氣をして氣海丹田に充さしめたる其の方法と本書の第一號法とは無論やり方が違ふが、本書の言ふ腹力統一と彼の氣海丹田に力を充たす事は其の意味に於ては全く同一で、既に古い時代から實習せられ、其の効力も認められてゐたのである。

猶白隱禪師の彼の有名なる遠羅天釜《をらてがま》の一節を掲げて參考に供しやう。

「總じて一切の修業者精進工夫の間に於いて心掛惡く侍れば動靜の二境に障へられ、昏散の二邊に隔てられ心火逆上し肺金痛み悴け元氣虛損し難治の病症を發するも間々多き事に侍る、又內觀の眞修（下腹に氣を收むる法）に依て能々修練致し侍れば至極養生の秘訣に契つて心身健剛に氣力丈夫にして萬事輕快に法成就にも到る事に候。去程に大覺調御も阿含部に於て右の趣きを敎諭此あり天台の智者大師も其大意を汲んで摩訶止觀の中に丁寧に示し置かれ侍り書中の大意に從ひ何分の聖敎を披覽し何分の法理を觀察し、或は長座不臥し或は六時行道すと雖も常に心氣をして臍輪氣海丹田腰脚の間に充しめ塵務繁絮の間に、賓客揖讓の席に於ても片時も放退せざる時は元氣自然に丹田の間に充實して臍下瓠然たること未だ篠打せざる鞠の如し若し人養ひ得て斯くの如くなるときは終日坐して嘗て飽かず終日誦して嘗て捲まず終日書して曾て困せず終日說て曾て屈せず日々に萬善を行すと雖も終に退惰の色なく心量次第に寬大にして氣力常に勇壯なり苦熱煩暑の日も扇せずとも汗せず玄冬素雪の冬の夜も襪せず爐せず世壽百歲を閱すと雖も齒牙轉た健剛なり怠らざれば長壽を得若しそれ果して斯くの如くなれば何れの道か成せざる、何れの戒か持たざる何れの定か修せざらん何れの德か充てざらん」と言つてゐる。

只に病を防ぐばかりでなく、壯快な氣分、すこやかな身体を以つて働けば何んな仕事でも氣持よく進行し、而して常に愉快である。本法を習練して何の効果も現はれないといふ事は絶對にない何卒、信賴と希望とをもつて實習に取り掛られん事を希ふ次第である。

◇信ずる力

本書の說く所を眞實生きたものにするか、何等の効なきものに終らしめるかは只だ一にかゝつて其の熱誠と確信の强弱に歸着する。作術法や注意事項については各章夫々細部にわたつて說いてゐるが終始一貫心掛くべき最大の要諦は實に此の熱誠と確信を失はざることである。されば最後に臨んで猶一つ信ずる力なるものは如何に偉大なる作用をなすものであるかを示す一例を揭げて終りとしやう。

◇信念の作用は恐るべし

元々人の信じて疑はぬ固い信念といふものは、實に恐るべき作用を起すもので、何者をも悉く其の支配下に屈服せしめねば止まぬ慨があり力がある。されば信ずる力によつて常に不可思議なる現象が生じ、普通狀態の人より見れば或は奇蹟とも又靈妙作用とも見ゆる偉大なる事蹟が產れ出るのである。之は其の一例に過ぎぬがメスメルの磁氣治療に關する面白い實例があるから次に御紹介しやう。

◇フランツアントン●メスメルの磁氣治療

十八世紀末に墺國の醫師フランツアントンメスメルといふ人が、動物には其の体內に磁氣を含んでゐる事を發見して是を適度に誘導刺戟すれば疾病を癒す事が出來るといふ原理の下に其の方法を創見し、時の數多の病者に施術して大變な効果をあげたのであつた。此の新說に對して反對學者や其他の激しい壓迫にあひ遂に故鄕を去つて巴里に逃れたのであるが、事實は着々として其の實蹟をあげ數多の難病者が此の爲めに救はれ、氏の靈妙なる術に對して感歎讃美するものが至る所に現はれた。之を聞き傳へて氏の治療を請はんとする病者が諸方より集り來つて其の門外に溢るゝばかりの盛況を呈し、氏の信用は益々加はり神の如き仰慕と崇敬を得たのであつた。門内門前の大群集に對し氏一人にては到底、全部の治療は不可能となつて終つたから茲に一策を案じ、治療を受けんとする人々は此の樹に觸れて歸るべし此の樹木には我自身と同じ強烈なる磁氣を附與しおきたれば奏効に於いて變ることなし。と書いた札を門前の樹に結びつけた。然るに多くの群集は隨喜渇仰して其の樹に觸れて歸り、而も驚くべき治病の實蹟が擧つて行つたのである。さればとて事實此の樹木に磁氣を附與したものでもなければ藥品を塗つたのでもない。而も着々として病の癒へたのは全く病者自らの固い信念が、自然に身体に作用して病を治癒せしめたに過ぎない。即ち是れ正に信ずる力の偉大なる恩惠に浴した事に外ならぬのである。本院の治病法に於て靈より靈に強烈な信念を吹込み病者の靈中に不動の自信を附與して治する方法は、其の原理に於いて全く是れと同理同一なのである

◇石崎師靈能實驗の一例

石崎師が過去二十五個年間に亘つて透視靈能を利用して種々の豫言や奇蹟を示現し、治病の實驗等を行ひたる事例は其の數、幾百なるを知らず一々枚擧紹介する遑はないが、其のうち公に關して事蹟を現したるもの二三を茲に摘記して御參考に供します。

一、寺内伯の危急を報ず

大正七年當時朝鮮總督たりし寺内伯の身邊近く暗殺團の近寄るを靈感して電報を發して之を警戒せしむ。(是は當時の新聞に報道せられた通りである)

二、警視廳に於ける犯罪透視實驗　警視廳山田警視の依賴に應じ、數多官憲立會の上或る犯罪上主要なる鑑定實驗をなす。

三、東京吳服橋、壚水製糖會社樓上に於ける靈能實驗會　大正時代、東京壚水製糖會社樓上に於て石崎師の靈能實驗會を時々開催し、幾多の奇蹟を靈現し、其席上に參列せられた高橋男爵(當時)、牧野子爵、壚水製糖會社專務藤崎氏始め、並居る諸名士孰れも其の幽玄なる靈術に驚嘆せられたり。

四、海底透視　大正九年房洲沖にて金塊二十萬圓積載せる汽船沈沒せし時、其の海底に於ける沈沒場所を透覺指摘して之を引揚げしむ。

五、東京大異變を豫言　大正十二年七月ふと師の靈感中に激しき衝動が起り、近く東京に一大異變の突發することを感知して豫言せり

六、靈力治病術の實施實驗　寺崎廣業畫伯外諸名士にも度々施術をしたが、其他當院關係者、近親の者等にも施術實驗して虛弱なる者を强壯者たらしめ、惡癖を除去矯正し、各種の重病を快癒せしめ、悲觀小膽者に度胸を附與し、或は又記憶思考力の乏しき者をして明敏なる頭腦の持主たらしめたる等、永き年月に亘つて無數の實驗を行ひ多くの貢獻をなしてゐる。

◇新聞記事の一節摘錄　石崎師の爲せる透視豫言及び病氣に對する靈的治療の生きた例は

滞山持合せてゐるから一々紹介する煩に堪えぬが、國際問題では政府の命を受けたることがあり病氣治療では寺崎廣業壽伯其他に施療をなしおり……(中略) とにかく師の心靈作用は學者の實驗を屢々受けた、謂はゞ檢定濟で其の說く所、及び說かんとする目的が、人助けであり社會貢獻にあることは信ずるに足ると言へやう……

◇本會員の練習、實驗報告

一、多年のヒステリーを一掃す

愛知縣犬山町　飯田吾城

術法秘書に基き大なる確信を持ちて習練を相始候處、廿日許りにして靈能出現致し、早速病者に試みんと豫て近隣にヒステリーを病む婦人と神經衰弱に惱む青年とに施術致候處、前者は七回、後者は九回にて本術の効驗現はれ病苦は去り、多年の苦惱を一掃するを得たりとて二人は無上の喜びに浸り居候斯くの如き好結果を得たるは實に手を取りて敎ふる如き靈書の賜物にして、かゝる貴重なる大靈術を惜しげもなく開放せられたる師の大膽寛容には驚かざるを得ぬ次第にて厚く御禮申上候　敬具

二、七ケ年のリユーマチスを數回の施術にて治す

川崎市久根崎社宅　片岡廣允

石崎大先生の燃ゆるが如き熱と力とにより築き上げられたる秘法書、それは心靈界唯一の秘書なりと確信する。指示通りに習練して靈力の發現を見、強き信賴と信念の下に、七年餘苦惱を續け醫者より不

治と宣告されたるリューマチス患者に實驗したる處、間もなく効果現れ病者の苦痛薄らぎ其の効果の顯著なるに驚嘆す。今後は此の福祉を廣く同胞に相分つと共に先生の偉德を讃へるものである云々

三、業務上益する所甚大なり

東京市芝區白金猿町　心靈治療所長　高城慶龍

秘法書實習經過

第一日　秘法書熟讀
第二日　右に同じ
第三日　第一號式を朝夕二回三十分宛修練す
第四日　五日、六日、七日、八日前同樣
第九日　第二號法に移る
第十日　十二、十三、十四、十五前同樣
第十一日　本法に對する信念漸く加はり來る
第十二日　合掌の指頭微動す
第十三日　微動は上半身に及ぶ
第十九日　第三號法に移る
第廿二日　白光場面出現し精神は恍惚となる
第廿五日　靈動發現を實驗す

左の如く經過順調に進み、練習中間接的に受けたる効果は左の如し
一、心氣爽快となる　二、常習の感冒に罹らぬやうになる　三、食慾增進　四、体重一貫三百匁增加
五、病体轉じて健康体となりたり。以上
猶小生は心靈治療を專門として永年從事致し居候が自己の業務上益する所甚大にして此點非常に相悅び居候

四、術法の實際的効果

新潟市本町通　大田浩治

貴書御教示の通り廿日間一心不亂に練習したる後病者に施したる處實に不思議と思ふ程の奇蹟を得申候

一、腹膜炎	五回施術全快	北見ハナ	十七歳
一、痔病	二十回〃	清水三郎	四十六歳
一、眼病	三十五回〃	大林春吉	三十八歳
一、腰痛	七回〃	齋藤忠雄	五十七歳
一、腦病	十二回〃	西田タツ	三十九歳
一、胃病	十九回〃	川崎シヅ	二十二歳
一、子宮病	二十二回〃	山田トヨ	二十七歳
一、精神異狀	三十一回〃	村山篤二郎	四十三歳

右何れも全快したるものにして、現在は多數の患者治療中に有之候、本施術に依る全快の早き事は我ながら驚入り秘書の正確なること術法の實際的にして眞なる事を痛感し厚く御禮申上ぐる次第に御座候

五、是以上の良書なし

大阪市北區木幡町　太田清藏

小生素より心靈科學に多大の興味を持ち、恐らく現在刊行されたる、あらゆる靈能書を通讀吟味したるも眞に貴重なる体驗より生れ、實行可能なるもの貴書以外に曾て無かりしを信じ申候、心靈科學を自ら習練實行し自己籠中のものたらしめん者にとりては貴書を措いて他に以上の參考書なきを斷言して憚からずと思考し茲に衷心より讃辭と敬意を表するものに御座候

透視靈能秘傳書

◇石崎輝峰師著
◇印度哲學院發行
◇百四十頁の美本
◇非賣品、會員のみに頒布

本書は透視靈能力を發現せしめ、而して其の應用として各種の靈術を行ひ、更に又實際社會生活上に此の能力を利用して、處世上諸種の利益を獲得し得るやう、其の實習方法と實驗法とを、詳細にお傳へした秘傳書で、石崎師が過去廿五個年研究の精髓を公開したものであります。實行の容易と不思議なる奇蹟の發現、是程實効の出るものは他にないと賞讃されてゐます。

（一）透視靈能出現の作術秘法傳授

（二）透視實驗秘法傳授

1 形狀文字の透視法
2 隱れたる物体の透視法
3 金庫内の透視法
4 遠距離の透視法
5 靈力命令法

（三）透視術の應用法

1 人心透視と靈力命令
2 相場透視法
3 運命透視法
4 諸事件の透視法
5 受驗成功秘法

以上何れも必ず實行出來るやう石崎師の全秘法を最も判り易くお傳へしてゐます。

御希望の方は靈力治病秘法書によりて見た旨明記の上本院に御照會下さい、分讓料を御通知致します

昭和五年二月十日初版發行
昭和八年四月廿日第六版發行
昭和九年五月五日訂正第七版發行
昭和十六年四月十日再訂正第十三版發行
昭和十七年一月十日再訂正第十四版發行

（非賣品）

（當院會員に配付す
不許會員外閲讀）

大阪市住吉區阪南町中二丁目
印度哲學院事務所內
講述者　石崎輝峰

右同所
發行兼印刷人　久重紫峰

大阪市南區大和町三
印刷所　坂口印刷所

大阪市住吉區阪南町中二丁目
發行所　印度哲學院事務所

霊素放射
霊力治病秘法書

昭和 五 年二月十日　初版発行（印度哲学院事務所）
平成十八年六月九日　復刻版 初 刷発行
令和 六 年八月九日　復刻版第二刷発行

著　者　石崎輝峯

発行所　八幡書店
東京都品川区平塚二―一―十六
ＫＫビル五階
電話　〇三（三七八五）〇八八一
振替　〇〇一八〇―一―四七二七六三

ISBN978-4-89350-631-3 C0014 ¥2800E